Im Herzen der Oberpfalz

Ursula Pfistermeister

Im Herzen der Oberpfalz

Das Amberg-Sulzbacher Land

BUCH & KUNSTVERLAG OBERPFALZ

oben: Heckenrosen bei Leinhof
Bild Seite 1: Detail einer gemalten Bettstatt von 1852 aus
der Gegend um Achtel
Bild Seite 2: Landschaft bei Giggelsberg /Kastl

Die Herausgabe dieses Buches wurde
durch die Sparkasse Amberg-Sulzbach
großzügig gefördert.

Konzeption, Gestaltung,
Text und Fotos: Ursula Pfistermeister

© 1996 bei Buch & Kunstverlag Oberpfalz
Wernher-von-Braun-Straße 1
92224 Amberg

ISBN 3-924350-51-5

Herstellung: Druckhaus Oberpfalz

Zum Geleit

Ich freue mich dieses Buch vorstellen zu können, das unsere Heimat mit tiefem Verständnis für die vielschichtigen Zusammenhänge von natürlichen Gegebenheiten, geschichtlichem Werden und den Erfordernissen der Gegenwart zeichnet.

Karg kann die Landschaft hier im Herzen der Oberpfalz manchmal sein und voll herbem Ernst. Dabei ist sie voller Schönheit. Daß es den Menschen in diesem Landstrich nur selten leicht gemacht wurde, in dem Herrschaft und Religion häufiger wechselten als anderswo und Kriege Wunden schlugen, die nur langsam heilten, hat man fast vergessen. Doch es hat einen Menschenschlag entstehen lassen, fleißig und zäh, der trotz aller Schwierigkeiten seine Freude am Festefeiern, an Musik und Tanz nie verloren hat.

Wir verdanken dieses Buch Ursula Pfistermeister, die meine Anregung zur Gestaltung eines neuen großen Bildbandes über den Landkreis Amberg-Sulzbach zunächst etwas zögernd aufgenommen hat und dann doch mit Begeisterung und großer Hingabe daran arbeitete. International anerkannt als Autorin und Fotografin, lebt sie seit mehr als zwei Jahrzehnten im Sulzbacher Birgland und hat dort als eine der ersten in der ganzen Oberpfalz eines jener alten Bauernhäuser restauriert und vor dem Verfall gerettet, die durch die Jahrhunderte so unverwechselbar zum Bild unserer Heimat gehörten.

Es gibt nicht viele profilierte Fotografen, die zu ihren Bildern auch die Texte schreiben und denen es gelingt, das Dargestellte in Wort und Bild gleichermaßen lebendig werden zu lassen. Ursula Pfistermeister gehört zu ihnen.

Ihre Darstellung des Amberg-Sulzbacher Landes wurde so zu einer faszinierenden Einheit, zu einem Schau- und Lesevergnügen gleichermaßen. Es entstand ein Buch, von dem ich glaube, daß es allen Bürgerinnen und Bürgern des Amberg-Sulzbacher Landes beweist, daß sie zu Recht stolz sein können auf ihre Heimat. Möge es darüber hinaus unserem Land viel neue Freunde gewinnen.

Dr. Hans Wagner, Landrat

Das Amberg-Sulzbacher Land
Einheit aus der Vielfalt

Von herber, manchmal fast schwermütiger Schönheit ist das Amberg-Sulzbacher Land.

Schön ist die weithin noch immer bäuerlich geprägte Landschaft in ihrem raschen Wechsel zwischen weiten, ebenen Akkerflächen, tief eingeschnittenen Wiesentälern und hintereinandergestaffelten, in der Ferne verblauenden Höhen. Schön sind die Heckenzeilen und dunklen Wälder, der helle Fels und die sonnüberglühten Wacholderhänge, die Quellen und Bäche, die mäandernden Flußläufe und verwunschenen Weiher; schön die steingewordenen Zeugnisse einer lange blühenden, lebendig bewahrten Kultur.

Im Lauf von Jahrmillionen:
Erdgeschichte zwischen Johannisberg, Auerbach und Schmidmühlen

Vieles im abwechslungsreichen Landschaftsbild des Amberg-Sulzbacher Landes hat seinen Ursprung in den außergewöhnlich verwickelten geologischen Verhältnissen dieses Gebiets. Kaum irgendwo sonst haben nahezu alle Zeitalter der Erde auf so engem Raum ihre Spuren hinterlassen. Gehören doch Westen und Südwesten mit der Oberpfälzer Alb zum breiten Wall jener Juraschichten, die sich in weitem Bogen über rund 430 Kilometer vom Main bei Lichtenfels bis zum Lac de Bourget südlich von Genf erstrecken. Die Mitte ist Teil des Oberpfälzer Bruchschollenlands, dem an Bodenschätzen reichsten Gebiet Bayerns. Der Nordosten gehört mit den Ausläufern des Naabgebirges, mit Johannisberg, Blauberg und dem immerhin 673 Meter Höhe erreichenden Rotbühl, zum moldanubischen Grundgebirge des Bayerisch-Böhmischen Waldes, dessen kristalline Gesteine zu den ältesten der Welt zählen. Sie existierten bereits zu Beginn des Erdaltertums vor rund 600 Millionen Jahren.

Rund 250 Millionen Jahre später hob die im Karbon einsetzende Gebirgsbildung das Gestein um mindestens tausend Meter. Die damit verbundenen tektonischen Spannungen ließen die

Im Felslabyrinth der „Steinernen Stadt"

Bruchspalte des Pfahl und in seiner Fortsetzung das sogenannte Amberg-Sulzbach-Auerbacher Störungssystem entstehen und führten am Westrand des Gebirges zur Bildung einer sich ständig vertiefenden Senke. Dort sorgten während der nächsten 180 Millionen Jahre Meere, Wüstenwinde und Flüsse in stetem Wechsel für das Entstehen immer neuer, zum Teil viele hundert Meter starker Sedimentschichten: Die Keuperablagerungen des Hahnbacher Sattels entstanden, dessen Rätsteilkante durch den Ausbau der Straße bei Atzmannsrict so deutlich sichtbar geworden ist, und das bei Hirschau und Schnaittenbach im Tagebau erschlossene größte Kaolinvorkommen Europas. Zuletzt lagerte das warme Jurameer noch einmal bis zu 360 Meter hoch Schlamm, Sand und Schwammriffe darüber.

Die beginnende Auffaltung der Alpen machte sich in einer erneuten Hebung des kristallinen Grundgebirges bemerkbar. Ungeheuere Kräfte zertrümmerten an seinem westlichen Rand die dort abgelagerten Schichten, schoben sie in- und übereinander: das Oberpfälzer Bruchschollenland und der sogenannte Hahnbacher Sattel entstanden, das Jurameer zog sich zurück. Seine zu Kalk und Dolomit verfestigten Ablagerungen wurden Festland; Verwitterung und Abtragung, Wind und Wasser begannen erneut ihr Werk. Sie ebneten ein, schürften das Hahnbacher Becken aus, ließen das Flußsystem der Vils entstehen, machten das Karstgebiet um Königstein zu einem der höhlenreichsten Deutschlands.

Die vor etwa 135 Millionen Jahren einsetzenden Vorstöße des Kreidemeers hinterließen sandige und tonige Ablagerungen, die im Süden Ambergs zwischen Vils- und Lauterachtal bis hinunter nach Schmidmühlen von Hirschwald und Taubenbacher Forst bedeckt sind. Entlang der alten Störungszone um Amberg, Sulzbach und Auerbach kam es zur Bildung der einzigen nennenswerten Eisenerzlagerstätte Bayerns sowie der kleinen Farberdevorkommen um Königstein und Neukirchen. Die letzten 70 Millionen Jahre änderten am Wesentlichen nichts mehr. Sie formten das Bestehende weiter aus, ließen jene für das Amberg-Sulzbacher Land so charakteristischen kleinteiligen Landschaftsräume entstehen und eine Pflanzen- und Tierwelt, die der jetzigen zunehmend ähnelte.

Zwischen Berg-Mischwald und Trockenrasen: Flora und Fauna

Heute prägen menschliche Eingriffe die Pflanzen- und Tierwelt kaum weniger als die natürlichen Gegebenheiten. Zwischen Gebenbach, Höhengau, Aschach und dem Wachtelgraben bei Raigering finden sich noch Reste jener feuchtigkeitsliebenden Laubwälder, die zu den artenreichsten des ganzen Landstrichs zählen. Dort blüht im Frühjahr dicht an dicht eine Fülle von Pflanzen, darunter Buschwindröschen und Leberblümchen, Lerchensporn, Waldschlüsselblume und Lungenkraut, stellenweise sogar der fremdartige Aronstab.

Weiter im Nordosten, wo mit Johannisberg und Friedrichsberg die Ausläufer des Naabgebirges wie eine tiefgrüne Mauer über dem rund 200 Meter tiefer gelegenen flachen Land stehen, aber auch am Blauberg, am Rotbühl und Buchberg, bestimmt die Flora des Bayerisch-Böhmischen Waldes das Bild. Typisch ist dort der schöne Mischwald aus Buchen und Fichten, in dem auch Tannen zu finden sind, Ahornbäume, Ebereschen, Linden und Birken; in dem Erdbeeren und Himbeeren wachsen, der Fingerhut und zahlreiche Farne und Moose.

Ganz anders ist die Pflanzen- und Tierwelt des nach Westen anschließenden Gebiets, das vom mäandernden Lauf der Vils und ihrer Zuflüsse geprägt wird. Charakteristisch ist dort der Wechsel zwischen sanften Hängen und Mulden, zwischen Ackerflächen und trockenen Kiefernheiden, versumpften Erlenbrüchen und hellen Wasserflächen. Weit hingebreitet sind die nicht besonders fruchtbaren Felder, auf denen Kartoffeln und Getreide, neuerdings auch viel Mais und Raps angebaut werden. Dazwischen liegen mehr oder weniger große Föhrenwälder, denen nur das überschäumende Gelb des Besenginsters, das Blau der Lupinen und das helle Rot der Weidenröschen im zeitigen Sommer stellenweise etwas Farbe schenken. Wo es trockener ist deckt Heidekraut und Renntierflechte den Boden, wachsen Katzenpfötchen, liefern Schwarz- und Preiselbeere eine reiche Ernte.

Immer wieder finden sich Weiherketten und Sümpfe zwischen diesen Wäldern: bei Hirschau und Freihung, bei Hahnbach, aber auch südlich des Johannisbergs. Selbst an den offenen, heute der Karpfenzucht dienenden Teichen, zwischen denen schmale Dämme liegen und an deren Ufern oft schlank und hell die Birken stehen, kann man dem Eisvogel begegnen. So mancher verlandende Weiher aber hat sich zu einem wahren Dorado der Pflanzen- und Tierwelt entwickelt. Moosbeeren wachsen dort, Torfmoos und Frauenhaar, Rosmarinheide und Sonnentau. Schilf, Binsen, Riedgräser und Rohrkolben, zwischen denen im Juni die Schwertlilien ihre großen gelben Blüten öffnen, schaffen zahlreichen Wasservögeln ein ideales

Rätsandstein-Aufschluß bei Atzmannsricht

Hochstämmige Buchen im Wellucker Wald

Frauenschuh (Cypripedium calceolum)

Silberdistel (Carlina acaulis)

Revier. Teich- und Schilfrohrsänger, Enten und Möwen, Haubentaucher, Teich- und Bläßhühner brüten dort. Graureiher und Kormoran sind wieder heimisch.

Kaum weniger interessant ist streckenweise die breite Talaue der Vils zwischen Schlicht und Laubhof. Ihre amphibienreichen Feuchtwiesen ermöglichen den alljährlich auf dem Amberger Tor in Hahnbach brütenden Weißstörchen die Aufzucht ihrer Jungen und sind zusammen mit dem dichten Erlen- und Weidenbewuchs der Ufer Rückzugsgebiete anderswo so selten gewordener Vogelarten wie Blaukehlchen, Rohrammer und Bekassine. Sogar Biber haben sich in den letzten Jahren angesiedelt.

Völlig anders ist der den kalkliebenden Pflanzen des Weißen Jura gehörende Westen und Südwesten des Amberg-Sulzbacher Landes. Südlich Auerbach erstreckt sich dort mit Bürgerwald, Wellucker Wald und Sackdillinger Forst eines der ausgedehntesten und geschlossensten Waldgebiete des ganzen Landstrichs. Riesige, bizarr geformte, smaragdgrün übermooste Dolomitfelsen, in deren Nischen und Spalten Mauerraute und Steinfeder wachsen, aber auch der weit seltenere Tüpfelfarn, prägen den hochstämmigen Buchenwald. Stellenweise geht er in einen Mischwald über, in dem sogar die höchst selten gewordene Eibe zu finden ist.

Der ganze Zauber der kalkliebenden Flora entfaltet sich weiter im Süden, um Königstein und Neukirchen, im Birgland und bis hinunter zur Lauterach. Mit dem pelzigen Violett der Kü-

chenschellen beginnt dort an den trockenen Waldrändern der Frühling. Später im Jahr blühen Maiglöckchen und Akelei, öffnet dicht an dicht die Waldanemone ihre großen weißen Blüten, findet sich die Pfirsichblättrige Glockenblume und eine Vielzahl von Orchideen — nahezu 30 sind hier daheim —, darunter als besondere Schönheiten Frauenschuh und Türkenbund. Der Sommer gehört den Steinbrecharten, dem Wiesensalbei und der Margerite, dem tiefen Rot der Karthäusernelke und dem glühenden Gelb der Färberkamille. Mit gefranstem Enzian, mit Augentrost und Silberdistel, mit dem Kupferrot der Buchenwälder kommt der Herbst.

Obwohl letztlich die flache, nach Südosten geneigte Tafel der Weißjuraschichten den eher kargen Charakter der Oberpfälzer Alb bestimmt, diese wasserarme, sanftwellige Hochfläche voller steiniger Äcker, gehört doch gerade die Alb zu den abwechslungsreichsten Gebieten des Amberg-Sulzbacher Landes. Einzelne Baumgruppen, kleine Waldstücke und Heckenzeilen liegen zwischen den Feldern, auf denen noch immer eine weithin bekannte Braugerste wächst. Nach Süden zu, vor allem im Birgland, ist das Land kuppiger. Föhren-, Fichten- und Buchenwälder decken dort so ohne Ausnahme die Höhen, daß im „Birg" „in den Berg gehen" gleichbedeutend ist mit „in den Wald gehen".

Am schönsten aber sind, zumal im Frühling, wenn die Weiden das erste sanfte Grün zeigen, wenn auf den Wiesen Schlüsselblumen und Wiesenschaumkraut blühen und die Sumpfdot-

9

terblumen mit ihrem leuchtenden Gelb die Ufer säumen, die überraschend tief eingeschnittenen wasserreichen Täler. Helle Kalkbänke und verkarstete Felstürme begleiteten oft ihre steilen Hänge. Wo sie als Vieh- und Schafweide dienten, entwikkelten sich wie im Lauerachtal bei Stettkirchen sogenannte Wacholderheiden, deren Pflanzen zu den urwüchsigsten Deutschlands zählen.

Auf den Spuren der ersten Siedler: Vor- und Frühgeschichte

Vielfältig wie die Natur, höchst verwickelt in ihrem Auf und Ab, ist auch die Geschichte des Amberg-Sulzbacher Landes. Für viele Jahrtausende sind wir allein auf mehr oder weniger zufällige Grabungsfunde, auf mehr oder weniger begründete Vermutungen angewiesen.

Sicher aber ist, daß es die Juratäler waren, die nördlich der Donau die Menschen der Frühzeit zu allererst anzogen. So ist der am rechten Ufer der Vils bei Ensdorf unter dem überhängenden Fels der Steinbergwand gelegene Siedelplatz auch der älteste, der im Amberg-Sulzbacher Land bisher entdeckt werden konnte und einer der ältesten der ganzen mittleren Oberpfalz. Schon zu Ende der Altsteinzeit vor rund 12 000 Jahren hielten sich hier kurzzeitig umherstreifende Jäger und Sammler auf. Zwischen 7000 und 5500 v.Chr. scheint der Platz unter

Der unter dem Felsschutzdach (Abri) der Steinbergwand bei Ensdorf gelegene Siedelplatz ist einer der ältesten der mittleren Oberpfalz

dem offenen Felsschutzdach (Abri) auch längeren Aufenthalten gedient zu haben. Auf jeden Fall fertigte man hier Werkzeug aus Stein und Knochen und benutzte zwei Feuerstellen. Erst der Mensch der Bronzezeit (1600-750 v. Chr.) verließ die Flußtäler. Wie zahlreiche Hügelgräberfunde bis hin nach Höhengau und Haghof bei Holnstein sowie der Hortfund am Wendeliniberg bei Penkhof beweisen, wurden aus den umherziehenden Wildbeutern, den Sammlerinnen und Jägern der Frühzeit nun seßhafte Bauern, die Häuser bauten, Ackerbau und Viehzucht trieben. Ihre Toten bestatteten sie zusammen mit schön geformten Keramikgefäßen und allem persönlichen, sorgfältig gearbeiteten Besitz: die Frauen mit ihrem Schmuck, die Männer mit ihren Werkzeugen und Jagdwaffen.

Die Grabfunde von Schalkenthan und vor allem das 1968 ausgegrabene Gräberfeld von Schwend mit seinen 18 Hügelgräbern zeigen, daß man spätestens im 13. Jahrhundert v. Chr. begann die Toten zu verbrennen und ihre Asche in Urnen zu bestatten. Diese neue Art des Totenkults ist so auffallend, daß sich für die späte Bronzezeit zwischen 1200 und 750 v. Chr. der Namen Urnenfelderkultur einbürgerte. Doch war der Umbruch dieser Zeit viel weitreichender: Die Besiedelung war nun offensichtlich schon so dicht, daß sich die Sozialstrukturen änderten und ein neues Schutzbedürfnis entwickelte. Zahlreiche Wallanlagen entstanden. Zum erstenmal errichtete man wie auf dem Johannisberg auch größere befestigte Höhensiedlungen.

Das Vordringen der Kelten und mit ihnen der Eisengewinnung und -verarbeitung brachte im Amberg-Sulzbacher Land keine ähnlich einschneidenden Wandlungen. In der Hallstattzeit (750-450 v. Chr.) scheint das Gebiet relativ dicht besiedelt, die wirtschaftliche, künstlerische Blüte allgemein gewesen zu sein: Man denke nur — nach wie vor ist unser Wissen auf Grabungsfunde angewiesen — an die zierliche Linsenflasche aus schwarzer Keramik von Atzlricht, an den noch in Bronze gearbeiteten Klapperschmuck aus Kirchenreinbach, an all die Funde ringsum im Land.

Mit dem Verschwinden der Kelten, dem Vordringen der Germanen und der Landnahme der Slawen, Awaren und Bajuwaren begann eine lange, weitgehend im Dunkel liegende Epoche. Weder die Zeit der Römer, deren Macht an der Donau endete, noch das frühe Mittelalter unter den Merowingern hinterließen im Amberg-Sulzbacher Land bisher greifbare Spuren. Allein die Ortsnamen mit den Endungen -ing, -heim, -hausen und -hofen beweisen, daß um die Mitte des 6. Jahrhunderts eine neue, bis in unsere Zeit ungebrochene Phase der Besiedelung einsetzte, die zunächst aus Einzelhöfen oder lockeren Hofgruppen bestand. Das erste bayerische Herzogsgeschlecht, die Agilolfinger, deren Hauptsitz Regensburg war, konnte seinen Einfluß nach Norden nur bis zur Lauterach ausdehnen.

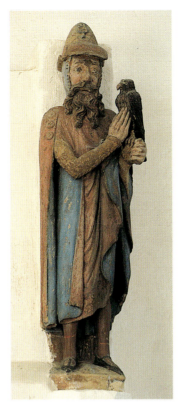

Die Grafen Otto von Kastl-Habsberg und Berengar I. von Sulzbach (Kastl, 15. Jh.)

Dort entstand mit Lauterhofen schon im 7. Jahrhundert eine größere bajuwarische Siedlung, im 8. Jahrhundert eine dem hl. Martin geweihte Kirche und ein fränkischer Königshof.

Krieg und Frieden unter vielen Herren: mit den Karolingern begann die Geschichte

Nachdem es Karl dem Großen im Jahr 788 gelungen war den Agilolfinger Herzog Tassilo III. zu entmachten, bestimmten bis zum Untergang der Staufer im Jahr 1268 die fränkischen und später die deutschen Könige und Kaiser das Geschick des Landstrichs, für den sich allmählich der Name Nordgau einbürgerte. Dabei ist das Diedenhofener Capitulare Karls des Großen von 805 die erste Urkunde, die mit dem heutigen Amberg-Sulzbacher Land, wenn auch nur am Rand, in Verbindung gebracht werden kann. Es beweist die große Bedeutung, die dem Tal der Lauterach in karolingischer Zeit als Teil einer wichtigen Handelsstraße und als zeitweilige Sperrlinie für den Waffenhandel mit Slawen und Awaren zukam.

Um 950 übertrug König Otto I. dem Babenberger Berthold von Schweinfurt die Verwaltung des königlichen Besitzes auf dem Nordgau. Möglicherweise entstanden schon damals zum Schutz des Lauterachtals und als Stützpunkte königlicher,

obrigkeitlicher Gewalt die Burgen Kastl und Hohenburg. Auf jeden Fall kam es wenig später zum Ausbau der wahrscheinlich schon vor 800 gegründeten Burg Ammerthal, die sich zu einem Zentrum der ausgedehnten Grundherrschaften des Markgrafen entwickelte.

Folgenschwer war die gegen den späteren Kaiser Heinrich II. gerichtete Empörung des mit Herzog Boleslav dem Prächtigen verbündeten Babenbergers im Jahr 1003: Ammerthal wurde zerstört, der Markgraf verlor Ämter und Lehen. Es kam zu jener Aufsplitterung der Machtverhältnisse, die auf die eine oder andere Art durch die Jahrhunderte Bestand haben sollte. Dabei war es für die Entwicklung des Amberg-Sulzbacher Landes wichtig, daß Heinrich II. dem Schweinfurter zwar Ammerthal und den ganzen Osten des Nordgaus zurückgab, daß er aber im Westen weite Bereiche jenem Grafen Berengar übereignete, der als Ahnherr der später so mächtigen Grafen von Sulzbach-Kastl-Habsberg gilt.

Auch seinem neugegründeten Bistum Bamberg übertrug Kaiser Heinrich II. ausgedehnte Ländereien, darunter die Güter Auerbach und Vilseck, als deren Vögte wenig später die Grafen von Sulzbach auftauchen. Ihre ausgedehnten Besitzungen umfaßten bald nicht allein bambergische Lehen und Reichsgüter einschließlich des Gebiets um das urkundlich im Jahr 1034 erstmals genannte Amberg. Ihre Ministerialen (Dienstmannen) saßen auch auf zahlreichen Burgen ringsum im Fränkischen und weithin im Nordgau: auf dem Neidstein, in Königstein, Holnstein, Lichtenegg und Poppberg, in Kallmünz, Flossenbürg und bis hinein nach Böhmen. Die Grafen von Sulzbach gründeten die Klöster Kastl und Berchtesgaden, bedachten das Kloster Baumburg mit Schenkungen und waren über die Gemahlinnen Konrads III. und Manuels I. Komnenos mit den Hohenstaufen und mit Byzanz verwandt. Ohne die Sulzbacher ist die frühmittelalterliche Geschichte des Amberg-Sulzbacher Landes wie des gesamten Nordgaus undenkbar. Nicht betroffen von der allgemeinen Reorganisation unter Kaiser Heinrich II. war die kleine Grafschaft Hohenburg. Auch deren Besitzer wußten ihren Einfluß bald auszuweiten. Berthold von Hohenburg, eine der farbigsten Gestalten seiner Zeit, spielte im 13. Jahrhundert als Vertrauter Kaiser Friedrichs II. und Vormund des letzten Hohenstaufen Konradin vor allem in der Italienpolitik der Staufer eine wichtige Rolle.

Mit dem Ende der Hohenstaufen und dem Aufstieg der Wittelsbacher, denen Bayern die ungebrochenste Staatstradition aller deutschen Länder verdankt, begann eine neue Epoche in der Geschichte des Amberg-Sulzbacher Landes. Schon Otto von Scheyern-Wittelsbach hatte 1121 im Vilstal das Kloster Ensdorf gegründet. Mit Ludwig I. dem Kelheimer, dem 1214 die Pfalzgrafschaft bei Rhein zufiel, begann jener planmäßige Erwerb von Grundherrschaften, dem zwischen 1201 und 1281

Die lebensgroße Steinfigur (14. Jh.) am Chor der Sulzbacher Pfarr-kirche ist wahrscheinlich eine authentische Darstellung Kaiser Karl IV., obwohl sie manchmal auch als hl. Wenzel bezeichnet wird.

das Aussterben der bedeutendsten bayerischen Grafenge-schlechter, auch der Sulzbacher und Hohenburger, zugute kam. Schließlich konnte sein Enkel Ludwig der Strenge (1253-1294) als Nachfolger der Hohenstaufen auch deren Besitzun-gen übernehmen, darunter das 1242 als Stadt bezeugte Am-berg und die Vogteien Auerbach und Vilseck, allerdings ohne die dem Bamberger Bischof bis zur Säkularisation 1803 als Enklave verbleibende Stadt.

Die wittelsbachische Erbteilung, die 1329 im Hausvertrag von Pavia „das Land hieroben in Baiern" der kurpfälzischen Linie des Hauses Wittelsbach übereignete, begründete mit der Schaffung zweier selbständiger Fürstentümer endgültig die Sonderrolle, die der Oberpfalz und nicht zuletzt dem Amberg-Sulzbacher Land innerhalb Bayerns in den folgenden Jahrhun-derten zukam. Dank der erstarkenden Eisenindustrie war es eine Epoche wirtschaftlicher, kultureller Blüte und eines zu-nehmenden bürgerlichen Selbstbewußtseins; aber auch eine Zeit, heimgesucht von Pest, Krieg, religiösen Wirren und nahe-zu unüberschaubar einander ablösender Herrschaftsverhält-nisse.

Daß Kaiser Karl IV. Sulzbach zur Hauptstadt seiner neuer-worbenen Besitzungen zwischen Böhmen und Nürnberg machte, bestätigte die Bedeutung der alten Herzogsstadt, blieb aber ein Intermezzo. Schon Ruprecht III. — seit 1400 König Ru-precht I. —, der in Amberg geboren, sich dort 1374 mit großem Pomp mit der Nürnberger Burggräfin Elisabeth von Hohen-zollern vermählte und mit ihr eine glückliche und kinder-reiche Ehe führte, gelang es den größten Teil der verlorenen Ländereien zurückzugewinnen. Er war ein Herrscher, der seine zehnjährige Regierungszeit in stetem Wechsel von Ort zu Ort zubrachte und als unermüdlicher Reiter Tagesetappen von bis zu 90 Kilometern zurücklegte.

Unerfahren in der europäischen Politik und in seinen Macht-mitteln beschränkt, mußte er an der angestrebten Beseitigung des Schismas scheitern. In Politik und Verwaltung der beträchtlich vergrößerten pfälzischen Besitzungen aber hat Ruprecht I. Entscheidendes geleistet. Allerdings kam es nach seinem Tod im Jahr 1410 — der als Alleinerbe vorgesehene Rupert Pipan war schon 1397 als Statthalter der Oberpfalz ver-storben — erneut zu einer bis 1799 nachwirkenden Teilung des Landes. Kurfürst Ludwig, dem ältesten der Söhne, fielen da-mals vor allem die rheinischen Besitzungen mit Heidelberg zu, aber auch Hahnbach und Rieden sowie Amberg als zweite Re-sidenzstadt. Pfalzgraf Johann, der in Neumarkt und Neunburg v.W. residierte und dem es gelang die verheerenden Raubzüge der Hussiten zu beenden, bekam den weitaus größeren Teil der Oberpfalz, darunter die Städte Auerbach, Hirschau und Sulzbach, die Burgen Holnstein, Pfaffenhofen, Poppberg und Rosenberg sowie den Markt Schmidmühlen.

König Ruprecht I. im Foyer des ehemaligen kurfürstlichen Zeughauses in Amberg

Pfalzgraf Rupert Pipan, Deckplatte der Tumba (14. Jh.) in St. Martin, Amberg

Es schien als hätten sich die Besitzverhältnisse damit gefestigt. Verpfändungen großen Stils und immer neuer Besitzwechsel zwischen den einzelnen Linien des Hauses Wittelsbach aber prägten auch weiterhin die Geschicke des Amberg-Sulzbacher Landes. Oft genug wurde die Frage der Erbfolge blutig ausgetragen: Schon 1454 ließ Friedrich I. der Siegreiche in Amberg drei der Anführer jenes Aufstandes hinrichten, in dem sich die Oberpfälzer gegen seine Übernahme der Kurwürde gestellt hatten. 1504 aber kam es — Kurfürst Philipp vereinigte 1499 noch nahezu die gesamte spätere Oberpfalz und den größten Teil der Rheinpfalz in seiner Hand — zum Bayerischen Erbfolgekrieg: die Sulzbacher überfielen Amberg, die Amberger plünderten Schmidmühlen, nachdem sie das von einem kleinen Kommando unter Amtspfleger Albert Stiber verteidigte Sulzbach nicht stürmen konnten. Als die Auseinandersetzung 1505 mit der Gründung der Jungen Pfalz im Gegensatz zur Alten Pfalz — der Kurpfalz mit Amberg — ihr Ende fand, war die Sonderstellung des späteren Fürstentums Sulzbach endgültig besiegelt.

Zum Neben-und Ineinander unterschiedlicher Herrschaftsbereiche kamen die religiösen Wirren. Luthers Lehre fand in der Oberpfalz früh lebhaften Widerhall. Wie von selbst wurde das selbstbewußte Bürgertum Ambergs lutherisch, in Sulzbach führte Pfalzgraf Ottheinrich 1542 die Reformation ein. Da sich aber die pfälzischen Fürsten ihren persönlichen Neigungen folgend einmal dem Protestantismus, dann wieder dem Calvinismus zuwandten, war die Bevölkerung, dem herrschenden Rechtsprinzip des „cuius regio, eius religio" (wessen die Herrschaft, dessen die Religion) folgend, zu immer neuem Bekenntniswechsel gezwungen. Es kam zu allgemeiner Verunsicherung, zu Mißtrauen und Abwanderungen.

Unversöhnlich standen sich schließlich zwei konfessionelle Bündnisse gegenüber: die protestantische Union unter der Führung des Pfälzer Kurfürsten und die katholische Liga, zu deren Bannerträger sich der bayerische Herzog machte. Wie so oft wurde der religiöse Gegensatz zum politischen Werkzeug. Als Friedrich V. von der Pfalz die Krone Böhmens annahm, ließ Herzog Maximilian I. von Bayern seine Truppen in Böhmen

Ruine Hohenburg, erbaut vor dem Jahr 1000

einmarschieren. Schon 1620 entschied die Schlacht am Weißen Berg dieses seit Kaiser Karl IV. erste und letzte oberpfälzisch-böhmische Zwischenspiel. Für die Kriegskosten in Höhe von 13 Millionen Gulden wurde Maximilian I., seit 1623 Kurfürst von Bayern, 1628 mit den rechtsrheinischen Territorien der pfälzischen Wittelsbacher entschädigt.

München bestimmte von nun an die Geschicke der „Oberen Pfalz". Der Dreißigjährige Krieg aber hatte erst richtig begonnen. Amberg, die Hauptstadt der neuen bayerischen Besitzungen, kam in diesem in gewissem Sinn ersten europäischen Krieg verhältnismäßig glimpflich davon. Ließ Kurfürst Maximilian I. die Befestigungen doch sehr bald dem neuen Stand der Kriegstechnik anpassen. Das flache Land aber traf es mit voller Wucht. Überfälle und Plünderungen nahmen kein Ende, Hungersnöte und die Pest taten das Ihre. Kurfürst Maximilian I. war zwar eine der fähigsten politischen Gestalten unter den Wittelsbachern, ein Herrscher, der Bayern auf einen Gipfel internationalen Einflusses führte und dem „Vergniegtheit und guetter Will" seiner Untertanen nicht weniger bedeuteten als die Festigung seiner absolutistischen Regierung. Die von ihm eingeleitete, unter Führung der Jesuiten mit aller Strenge durchgeführte Rekatholisierung aber erwies sich für die Oberpfalz als kaum weniger folgenschwer als die ungeheuren Verluste des Dreißigjährigen Krieges. Zahlreiche überzeugt lutherische Adelige und Bürger, auch viele der alt-

eingesessenen Hammerherrn verließen das Land. Als der Krieg 1648 sein Ende fand, war die einstige Wirtschaftskraft gebrochen: Bergbau und Hammerwesen lagen völlig darnieder, nahezu die Hälfte aller Höfe war „öd und abgeprent", Sulzbach mehrfach geplündert, Auerbach weitgehend zerstört; in Hahnbach und Schnaittenbach lebten jeweils nur noch 25 Untertanen und in Kastl, wo noch 1648 auch die „vornehmsten Offiziere die Einwohner wie das Vieh behandelten" war man „ruiniert und verderbt".

Als Hauptstadt jenes nach wie vor selbständigen Herzogtums, in dem Christian August 1652 das Simultaneum einführte, erlebte Sulzbach zwar noch ein Jahrhundert lang den Glanz einer kulturell aufgeschlossenen Hofhaltung. Überregional aber war es so wenig von Bedeutung wie Amberg, das zu einer nur noch als Verwaltungsmittelpunkt wichtigen Provinzstadt herabsank. Aus dem Amberg-Sulzbacher Land wie aus der gesamten Oberpfalz, diesem wohlhabenden, weltoffenen Land, dessen Landstände im 16. Jahrhundert ihren Fürsten so selbstbewußt gegenüber getreten waren und denen sie oft genug mit Darlehen und Bürgschaften ausgeholfen hatten, wurde ein mehr und mehr ins Abseits gedrängtes Gebiet: ein armer, überwiegend kleinbäuerlich orientierter, als „Steinpfalz", als „Kartoffelpfalz" verschrieener Landstrich.

In München spielten die oberbayerischen Wittelsbacher, absolutistisch regierend, ihr Spiel zwischen Wien und Paris, das Bayern im 18. Jahrhundert in immer neue Auseinandersetzungen verwickelte, nicht zuletzt in den Spanischen und Österreichischen Erbfolgekrieg. Wieder wurde das Amberg-Sulzbacher Land Schauplatz blutiger Kämpfe. Schier endlos schienen Quartierlasten und Kontributionen. 1741 hatte allein die Stadt Amberg 20 000 Franzosen unterzubringen und zu verköstigen. Monatelang waren vor den Mauern 50 Backöfen rund um die Uhr in Betrieb. In Sulzbach hausten die Trenkschen Panduren, Rosenberg wurde niedergebrannt. Zu den Kriegslasten kamen verheerende Mißernten und Hungersnöte. Auf das vier- bis fünffache stiegen zwischen 1815 und 1817 die Preise für Getreide und Kartoffeln.

Die politischen Verhältnisse hatten sich zu dieser Zeit schon völlig verändert. Mit dem Tod Karl Theodors war 1799 das Fürstentum Sulzbach erloschen. Maximilian IV. Joseph hatte das Erbe angetreten und 1803 die bayerischen Besitzungen noch einmal kräftig vergrößert. 1806 nahm er, „da das Ansehen und die Würde des Herrschers in Bayern seinen alten Glanz und die vorige Höhe wieder erreicht hat", als Max I. Joseph den Titel eines „Königs in Bayern" an. Sein nahezu allmächtiger Minister Maximilian Graf von Montgelas verschaffte sich im Zug der Säkularisation mit der Eingliederung aller noch bestehenden selbständigen weltlichen und geistlichen Territorien finanziellen Spielraum. Im Amberg-Sulzbacher Land

Schweppermannsburg bei Pfaffenhofen (Anfang 12. Jh.)

hörte das bischöflich-bambergische Vilseck ebenso auf zu bestehen wie die Klöster des Malteserordens, der Franziskaner und Salesianerinnen in Amberg, wie die Klöster Ensdorf, Michelfeld und Kastl. Amberg gewann zwar den Schatz seiner Provinzialbibliothek, deren bedeutendste Bestände aus den aufgehobenen Klöstern der halben Oberpfalz stammen. Doch ging Montgelas als echter Aufklärer verstandeskühl und mit unnachgiebiger Härte auch daran den barocken, tief verwurzelten Volksglauben zu bekämpfen und das Land von allen „öffentlichen, oft ungeschicklichen religiösen Vorstellungen" zu befreien. Gleichzeitig schuf er jenen zentralistischen Einheits- und Verfassungsstaat, dessen straffe Organisation bis heute eine Grundlage des bayerischen Staates ist. Das in acht Provinzen eingeteilte Land — später in Regierungsbezirke umbenannt — wurde mit einem Netz von Landgerichten und Rentämtern überzogen, die Lebensgemeinschaft der alten Dorfgemeinde als politische Gemeinde zu einer Verwaltungseinheit des neuen Staates. Aus Untertanen wurden Staatsbürger, zu deren Grundrechten Gewissensfreiheit, Gleichheit vor dem Gesetz und Sicherheit von Person und Eigentum zählen. Amberg aber mußte 1810 seinen alten Status als Hauptstadt der Oberpfalz an Regensburg abtreten. Das Amberg-Sulzbacher Land gehörte endgültig zum bayerischen Staat, erlebte mit ihm zwei Weltkriege, Nationalsozialismus und neuen Aufschwung.

Was der Adel baute:
Burgen, Schlösser, Hammerhäuser

Bis heute prägt das Auf und Ab der Geschichte auch die Architektur des Amberg-Sulzbacher Landes: Kriege und der Zahn der Zeit ließen wenig zurück von dem, was der Adel in Jahrhunderten baute. Das Wenige aber gehört zu den eindrucksvollsten Zeugnissen der Vergangenheit.

Nicht zu Unrecht wurde die Oberpfalz als das „Burgenland Bayerns" bezeichnet: Spätestens vom 11. Jahrhundert an saßen hier überall Adelige oder deren Vertreter auf jenen „festen Wohnsitzen", die „Herrschaft setzen und Schutz gewähren" sollten und die in der Regel eher bewohnbare Wehrbauten waren als zur Verteidigung eingerichtete Wohnstätten.

Die frühesten Anlagen dieser Art bestanden aus einem mehrgeschossigen, auf einem künstlichen Hügel errichteten Turm. Eine Ausnahme ist die schon 1003 zerstörte, nur durch Grabungen bekannte Burg Ammerthal. Sie zählte als königlicher Stützpunkt zu den großen Lehensburgen der karolingisch-ottonischen Zeit und war neben der Reichsburg Cham die älteste und größte Burganlage im gesamten Nordgau.

Schon unter den Karolingern stützte sich der Adel auf unfreie Gefolgsleute, ministeriales, die in der Regel bewaffnete Reiterdienste (= Ritter) leisteten. Spätestens im 12. Jahrhundert war die Ritterschaft als neue geschlossene Adelsschicht neben den

Bergfried der Ruine Ebermannsdorf (12. Jh.)

Burg Dagestein in Vilseck (12.-18. Jh.)

Altadel getreten, zu dem im Amberg-Sulzbacher Land die Grafen von Sulzbach und von Hohenburg zählten. Von da an errichteten auch kleinere „Herren" Burgen, so die Pfaffenhofer und Allersburger, die Heimhofer, Zantner, Kemnather und Ebermannsdorfer, die Herren vom Roßstein (Rostein) und von Steinigewasser (Steinamwasser), die Freudenberger, Holnsteiner, Rupprecht-, Neid- und Breitensteiner, um nur die wichtigsten zu nennen.

Die meisten dieser Burgen wurden wie in der gesamten Oberpfalz in „sturmfreier Lage" errichtet, auf verhältnismäßig leicht zu verteidigenden Bergzungen oder Felskuppen. Nur Wasserburgen wie die Burg Dagestein machen eine Ausnahme. Immer war der auffallendste und wichtigste Bau der Bergfried, der durch seine Höhe und durch die Stärke und Qualität des Mauerwerks ausgezeichnete, oft als letzte Zuflucht dienende Hauptturm. Er ist meist am besten erhalten und beeindruckt auch bei den Ruinen des Amberg-Sulzbacher Landes durch die schlichte, monumentale Kraft, die den Burgenbau der ganzen Oberpfalz auszeichnet.

Um die Mitte des 16. Jahrhunderts bekamen Repräsentationswille und das Streben nach Wohnlichkeit endgültig die Oberhand: der Palas übernahm die Rolle des Bergfrieds; an die Stelle des Burgenbaus trat der Schloßbau. Kein Wunder, daß es zunächst die Landesherren waren, die sich dem neuen Bauen zuwandten. In Amberg, wo die Pfalzgrafen seit dem 14. Jahrhundert im „Eichenforst" ihren Sitz hatten — einem mehrfach erneuerten Gebäudekomplex um die „Alte Veste" (vor 1267) und das „Klösterl" mit seinem gotischen Kapellenerker (1296-1315) — hatte Kurfürst Ludwig III. schon 1417 mit dem Bau eines ansehnlicheren Wohnsitzes begonnen. Kurfürst Philipp der Aufrichtige, der das Zeughaus errichtete und 1474 seine Hochzeit zu einem der glanzvollsten Feste der Stadt machte,

ließ die Dürnitz einwölben. Schließlich besaß der Bau neben diesem großen Saal mit „65 Gemainer gesindt Tisch" eine Vielzahl zum Teil heizbarer Räume. Doch trotz aller Veränderungen und obwohl man im Innenhof sogar einen Hofgarten mit Sommerhaus und Springbrunnen angelegt hatte, wirkte die Anlage mit Wall und Graben und dem mächtigen Turm des Fuchssteiner noch unter Pfalzgraf Friedrich II., der 1544 bis 1545 die Regierungskanzlei errichten ließ, recht burgenartig. Der Umbau unter Pfalzgraf Friedrich IV., der 1602 seinen Heidelberger Baumeister Johann Schoch nach Amberg beorderte — er erneuerte auch das Zeughaus —, verlief nur zögernd. Friedrich V. ließ 1615 zwar das mächtige kurfürstliche Wagenhaus (Paulanerstadel) mit seinen hohen Giebeln errichten, der Schloßbau aber kam nach 1628 endgültig zum Erliegen. Die Statthalter der oberbayerischen Wittelsbacher nutzten nur noch den Schochschen Flügel, die Anlage wurde vernachlässigt, das meiste im späten 18. Jahrhundert abgerissen. Von der glanzvollen, noch im Barock ergänzten Ausstattung blieb nicht mehr zurück als das liebenswürdig-heitere Kleinod der Schloßkapelle. Trotzdem prägen die kurfürstlichen Bauten der Renaissance bis heute den ganzen südlichen Bereich der Amberger Altstadt zu beiden Seiten der Vils.

Kaum weniger glimpflich verfuhren die Zeitläufte mit dem hochgelegenen Sulzbacher Schloß. Die im frühen 11. Jahrhundert entstandene Stammburg der Grafen von Sulzbach scheint schon den Ansprüchen Kaiser Karls IV., der die Stadt so sehr schätzte, nicht mehr genügt zu haben. Doch erst Ottheinrich II., dem Sulzbach nach 1581 als Residenz diente, begann die Burg „zu einer fürstlichen Wohnung" umzubauen. Knapp 40 Jahre später entstand unter Herzog August der sogenannte Fürstentrakt und „darin ordentlich fürstliche schöne stuben ... mit herrlichen schönen gemelden... gezieret". Schließlich ließ sich

Pfalzgräfin Maria Dorothea von Zweibrücken-Birkenfeld, die sich als Witwe nach Sulzbach zurückgezogen hatte, 1781 ganz in barockem Geist im Blauen Saal sogar noch ein Theater einrichten. Von der sicher prachtvollen Ausstattung der weitläufigen Anlage aber blieb nach der Profanierung von 1807 noch weniger zurück als in Amberg.

Auch draußen auf dem flachen Land versuchten die Adeligen „standesgemäß" zu leben. Spätestens nach der Mitte des 16. Jahrhunderts wurden viele Burgen zugunsten eines neuen, bequemen Schlosses verlassen oder doch wenigstens durch Umbauten den neuen Bedürfnissen angepaßt. Heimhof und Neidstein zählen zu ihnen, Holnstein und die beiden Lintacher Schlösser, Axtheid und Moos. Auch mancher adelige Hofmarkbesitzer ließ sich wie in Kirchenreinbach, in Sinnleithen oder Högen im 16./17. Jahrhundert einen Neubau errichten: weit eher behagliche, durch Größe und sorgfältige Bauweise, durch ein reich gestaltetes Portal oder einen Treppenturm ausgezeichnete Häuser als wirkliche Schlösser. Ähnliches gilt für die Palais, die sich einzelne Adelige im 18. Jahrhundert in Amberg bauten, darunter das herrschaftliche Haus des Grafen Morawitzky und das Palais Armknecht, die spätere Münze.

Ähnliches gilt vor allem für die Hammerhäuser, die weitaus wichtigste Gruppe der oberpfälzischen Landschlösser. Wer als Gewerke, als Unternehmer im Bergbau oder Hammerwesen tätig war, entstammte entweder dem Adel oder stieg wie so manches Bürgergeschlecht, das vom 15. Jahrhundert an am Standort seines Hammers Landbesitz erwarb, allmählich in den Adelsstand auf. Wie in Haselmühl, in Leidersdorf und Wolfsbach, in Schmidmühlen, Haunritz, Hirschbach und Heringnohe baute man sich ein mehr oder weniger repräsentatives Hammerhaus, ein Schlößchen, das in Architektur und Ausstattung dem sozialen Anspruch entsprach.

Die beiden am besten erhaltenen Hammerhäuser des Amberg-Sulzbacher Landes entstanden erst im 18. Jahrhundert: Das Herrenhaus in Holzhammer besticht bei aller Schlichtheit durch die Wohlabgewogenheit seiner Proportionen. In Theuern aber ließ sich Josef Christian Freiherr Lochner von Hüttenbach 1781 die weitaus schönste profane Barockanlage des ganzen Amberg-Sulzbacher Landes errichten, jenes heiter wirkende dreigeschossige Schlößchen mit dem hohen Mansarddach, das dank der Einrichtung des Bergbau- und Industriemuseums Ostbayern zu neuem Leben erwachte.

In Holzhammer errichtete Friedrich der Kastner im Jahre 1366 den ersten Eisenhammer. Länger als 500 Jahre war er ein Zentrum der Eisenerzeugung in der Oberpfalz. Das jetzige Schlößchen mit dem durch Pilaster betonten Portal entstand erst im 18. Jahrhundert.

Reichtum für die ganze „Obere Pfalz":
Bergbau und Hammerwesen um Amberg und Sulzbach

Spätestens vom 15. Jahrhundert an gewann die Erzgewinnung um Amberg und Sulzbach zunehmend an Bedeutung. Schon früher hatten die beiden „Eisenstädte" versucht sich das Monopol für den sicher älteren, 1270 erstmals urkundlich genannten Erzabbau wie für den Handel zu sichern. Eine der wichtigsten Urkunden in diesem Zusammenhang ist der Freiheitsbrief vom 28. Juli 1350, in dem Pfalzgraf Ruprecht d.Ä. den Ambergern Rechte, Freiheiten und Gewohnheiten, „die sie auf dem Aerztberg zu Amberg haben" bestätigte. Den Sulzbachern kam die Vorliebe Kaiser Karls IV. für ihren Ort zugute, der den Bürgern alte Schürfrechte bestätigte und neue Zollprivilegien einräumte.

Zur Zeit der Hochblüte der Oberpfälzer Eisenerzeugung im 15./16. Jahrhundert wurde das Erz der größten Lagerstätte Bayerns in einer Art Saisonbergbau gewonnen: im Abstand von drei bis sechs Jahren fanden sog. „Hauptwürken" statt. Obwohl man bis ins ausgehende Mittelalter nahezu ausschließlich auf die Kraft und Geschicklichkeit der „Bergknechte" angewiesen war, die das Erz mit Schlegel und Eisen abbauten, kam es zu beeindruckenden Förderleistungen. So wurden beim „Hauptwürken" der Jahre 1595/96, bei dem insgesamt weit mehr als tausend Mann beschäftigt waren, 899 Pfund Bergfuder Erz gefördert, was in etwa 103 600 Tonnen entspricht.

Da dieses System kurzfristig viel Kapital erforderte, entstand in Amberg schon 1464 eine 44 Teilhabern gehörende „Gemain Gesellschaft des Eisenbergkwerks", die mehr oder weniger von der Stadt kontrolliert wurde. Im Jahr darauf als Gegengewicht die private Bergwerksgesellschaft der Familien Castner und Plech und die „Gemeinschaft vom Hinteren Berg" in Sulzbach. Die in gewissem Turnus wechselnden „Würken" dieser drei Gesellschaften förderten genug Erz, um den Bedarf jener Betriebe zu decken, die damals schon überall im Land bestanden und die — charakteristisch für die Oberpfalz — Schmelzhütte und Hammerwerk miteinander verbanden.

Obwohl „smidimulin", die Schmiedemühle im Vilstal, schon im Jahr 1010 auftaucht, waren die mit Muskelkraft betriebenen Trethütten, die „fabricae pedales", noch lange in Betrieb. Um Auerbach werden sie noch im Salbuch von 1326 aufgeführt. Wenig später nutzte man überall die Kraft des Wassers. Mühlräder trieben nun die großen, zum Ausschmelzen des Eisens und zum Schmieden nötigen Blasebälge und Hämmer an, deren „Pleschen" einige Jahrhunderte zum Leben weiter Teile der Oberpfalz gehörte. Sie ermöglichten jenen Aufschwung, der die Oberpfalz bis ins beginnende 17. Jahrhundert zu einem

Staubershammer im Museum Theuern

der bedeutendsten Eisenproduzenten Europas machte, zu einem Land, in dem zeitweilig auf die eine oder andere Weise rund ein Viertel der Bevölkerung in der Eisengewinnung und -verarbeitung beschäftigt war.

Die erste, im Jahr 1341 abgeschlossene Hammereinung der Städte Amberg und Sulzbach wurde 1387 von der Großen Hammereinung abgelöst, die nach Art eines Kartells Produktion und Absatz weitestgehend regelte und der praktisch jeder angehören mußte, der als Unternehmer im Bergbau oder als Hammerherr tätig sein wollte. Im 15./16. Jahrhundert erzeugten die in dieser Einung zusammengeschlossenen Hammerwerke gemeinsam mit den meist den gleichen Gewerken gehörenden und auf dem gleichen Erzvorkommen basierenden Hämmern im anschließenden fränkisch-nürnbergischen Gebiet etwa 1/6 der Gesamtproduktion Europas. Amberg und Sulzbach, aber auch Regensburg und später Nürnberg, waren die großen Eisenhandelsstädte, die Oberpfälzer Eisen aufkauften und als „Eisen aus Bayern" oder „Amberger Eisen" vor allem in Süddeutschland, aber auch in Sachsen, Böhmen, Ungarn und Frankreich, in Italien und der Schweiz absetzten.

Das Schwergewicht lag bis zuletzt auf der Herstellung von Halbzeug, das in den sogenannten Schienhämmern erzeugt wurde und wegen seiner Qualität als Schmiedeeisen sehr gesucht war. Hinzu kam die Fertigung von Blechen, bei der die Oberpfalz nahezu ein Monopol besaß: Zugeschnitten auf das Normalformat 60 x 60 cm und von Hand überschmiedet, waren sie „schwarz" oder verzinnt in ganz Europa begehrt, kamen über die Ostseehäfen bis ins Innere Rußlands und nach Übersee. Von der Mitte des 16. Jahrhunderts an gab es neben den Schien- und Blechhämmern auch einzelne Drahthämmer wie Neumühle, später auch Zain- und Waffenhämmer. Trotz des Namens fertigte man dort höchstens Spieße und ähnliches, vor allem aber Werkzeuge wie Beile, Pflugscharen, Sensen und Schaufeln. Kein Wunder, daß dies der einzige Zweig des Oberpfälzer Hammerwesens ist, der sich bis in unsere Zeit herüberrettete: Erst 1951 stellte der ins Industriemuseum Theuern transferierte Staubershammer den Betrieb ein.

Erste Schwierigkeiten ergaben sich wegen des „Raubbaus der Hammermeister in den Wäldern". Weit negativer wirkte sich zu Beginn des 17. Jahrhunderts die starre Haltung der Hammereinung aus, die alle technischen Neuerungen ablehnte und sich mehr und mehr an den persönlichen Vorteilen einiger Weniger orientierte. So war der katastrophale Niedergang vorprogrammiert, in den die Zeit des Dreißigjährigen Krieges die oberpfälzische Eisengewinnung und -verarbeitung stürzte. Die glücklichste Periode in der Geschichte des Amberg-Sulzbacher Landes fand damit ein Ende, jene Zeit, in der es dank Bergbau und Hammerwesen Mittelpunkt eines geistig und wirtschaftlich blühenden, weltoffenen Landstrichs von europäischer Bedeutung war.

Steingut und Email: der Weg in die Gegenwart

Wirtschaft und Kultur, vielleicht sogar die seelische Grundhaltung der Menschen verkrafteten die Einschnitte des 17. Jahrhunderts nur schwer. Kurfürst Max Emanuel versuchte zwar das Bergwesen „sonderlich in seinem Fürstentum der oberen Pfalz ... wieder zu erheben" — 1693 ließ er unter staatlicher Regie in Bodenwöhr den ersten modernen Hochofen anblasen — die wenigen noch bestehenden privaten Hammerwerke aber wandten sich nur zögernd fortgeschritteneren Techniken zu. Die meisten hielten am Rennfeuer fest, das ein besonders gut schmiedbares Eisen lieferte.

Obwohl das Amberg-Sulzbacher Land durch die Jahrhunderte kein Bauernland im eigentlichen Sinn gewesen war, widmete sich der Großteil der Bevölkerung nun notgedrungen dem Akkerbau und der Viehzucht. Dabei war man in den Dörfern wegen des viel zu geringen Grundbesitzes, den oft kargen Böden und ungünstigen klimatischen Verhältnissen häufig gezwungen einem Nebenerwerb als Taglöhner oder Handwerker nachzugehen. In Fürnried zum Beispiel, einem Dorf mit 39 Familien, gab es 1844 einen Wirt, der gleichzeitig Metzger war, einen Schmied, einen Bader, zwei Krämer, je einen Tischler und Schneider, zwei Weber, zwei Schuhmacher, einen Wagner und einen Branntweinbrenner. Vor allem die Hausweberei gewann an Bedeutung, wurde doch neben Kartoffeln, Roggen und Hafer viel Flachs angebaut, der selbst unter erschwerten Bedingungen gute Erträge brachte. In den Städten, in Hirschau und

Die Fördertürme der Doppelschachtanlage Maffei gehören zur Grube Auerbach-Nitzlbuch. Erst 1978 stillgelegt, war sie bis in die jüngste Zeit die bedeutenste Eisenerzgrube Bayerns.

Vilseck, in Auerbach und sogar in Sulzbach und Amberg aber übte man oft nicht nur ein Handwerk oder Gewerbe aus, sondern bewirtschaftete daneben ein paar Felder und hatte Pferde, Kühe und Schweine im Stall. Fleiß und Genügsamkeit, Zähigkeit und Ausdauer wurden zu vielgerühmten Tugenden. Man lernte sich zu biegen ohne zu brechen, verbarg unter rauher Schale und wortkarger Zurückhaltung jene gutmütige Menschlichkeit, die sich in plötzlichem Unglück und selbstverständlicher Nachbarschaftshilfe bewährte.

Die Unternehmungslustigsten zog es in die großen Städte, nach Regensburg oder Nürnberg, nicht zuletzt nach München. Selbst Johann Esaias von Seidel, der um die Wende des 18./19. Jahrhunderts den internationalen Ruf Sulzbachs erneuerte, den die Stadt dank ihrer 1669 unter Herzog Christian August gegründeten hebräischen Druckerei besaß, überlegte mehrfach, ob er mit seinem Verlag nach München oder Nürnberg umziehen sollte. Von Seidel blieb in Sulzbach, verlegte den „Sulzbacher Kalender" — d e n Hauskalender der Biedermeierzeit — und die „Weltchronik", druckte die offiziellen Veröffentlichungen des Bayerischen Staates und rund eine halbe Million Bibeln. Im allgemeinen aber wandte man sich im Amberg-Sulzbacher Land selbst im Zug der staatlichen Neuordnung unter Graf Montgelas noch zögernder als im übrigen Bayern neuen Aufgaben und Wirtschaftszweigen zu. Vorreiter waren die Gebrüder Dorfner und Eduard Kick, die 1826 bzw. 1833 mit dem Abbau des noch heute wichtigen Kaolinvorkommens um Hirschau und Schnaittenbach begannen. Dorfner stellte ab 1826 auch weithin geschätztes Steingut her; Kick übernahm 1846 die Amberger „Porcelain oder Fajance-Fabrik". Im Jahr 1864 ließ sich der Spenglermeister Christian Baumann in Amberg nieder, der zunächst Blechgeschirr herstellte, sich aber bald dem Emaillieren zuwandte. Noch vor der Jahrhundertwende fertigte sein inzwischen auf 1950 Mitarbeiter angewachsener Betrieb täglich bis zu 37 000 Stück jenes Emailgeschirrs mit der Löwenmarke, mit dem die „Gebrüder Baumann" bis in die jüngste Zeit weit über Bayern hinaus bekannt waren. Schließlich kam es 1851 und 1883 auf der Basis des Amberg-Sulzbach-Auerbacher Erzvorkommens, das dem Land so lange den Wohlstand gesichert hatte, zur Gründung der beiden bis zuletzt größten und modernsten Hüttenwerke Bayerns: der Maximilianshütte in Sulzbach-Rosenberg und der Luitpoldhütte in Amberg.

An die nach dem Krieg von 1870/71 vehement einsetzende industrielle Entwicklung fand das Amberg-Sulzbacher Land trotz allem kaum Anschluß. Der starke Preisverfall landwirtschaftlicher Produkte brachte in den letzten Jahrzehnten des 19. Jahrhunderts neue Not. Besonders hart war in den kinderreichen bäuerlichen Familien das Los der nachgeborenen Söhne und Töchter, die ohne eigenen Grundbesitz nicht heiraten

durften und sich als Knechte und Mägde verdingen mußten. Die Handwerker arbeiteten um 1910 von Montag bis Samstag täglich mindestens 10 Stunden. In Hirschau hatten 90 Prozent der Schulbuben keinen Wintermantel und höchstens ein Paar Schuhe. Im Sommer, als Hüterbuben, gingen sie barfuß.

Zwei Weltkriege, zwei Geldentwertungen, die Rezession der dreißiger Jahre, Nationalsozialismus und Flüchtlingszustrom gingen nicht spurlos vorüber. Allein die Städte Amberg und Sulzbach hatten jeweils rund 10 000 Vertriebene zu verkraften, was allerdings nicht nur einen Bevölkerungszuwachs bedeutete, sondern auch zahlreiche Impulse für das wirtschaftliche und kulturelle Leben. Nach der Währungsreform kam es dank des persönlichen Einsatzes Vieler und der Fördermittel des Staates zu ungeahntem Aufschwung. Überall wurde gebaut. Mit Eifer ging man an die Modernisierung des Straßennetzes, der Wasserversorgung, des Schulwesens und der ärztlichen Versorgung: Das Amberg-Sulzbacher Land hatte den Anschluß an das „deutsche Wirtschaftswunder" der Nachkriegszeit gefunden.

Die Veränderungsprozesse, die in den letzten Jahrzehnten die Landwirtschaft halb Europas erfassen, machen allerdings auch vor einer Region nicht halt, in der bei einer Gesamtfläche von rund 1 255 Quadratkilometer noch immer fast ein Drittel landwirtschaftlich genutzt wird. Die Brüsseler Vorgaben beschleunigen das Sterben der kleinen, für das Amberg-Sulzbacher Land lange so charakteristischen bäuerlichen Familienbetriebe. Viele verpachten ihre Felder und geben auf. Zwischen 1980 und 1992 ging die Bruttowertschöpfung in der Land- und Forstwirtschaft von 9,6 auf 3,4 Millionen DM zurück. Die Umstrukturierung der letzten Jahrzehnte scheint auch die Bedeutung des Amberg-Sulzbacher Landes als Zentrum der bayerischen Eisenindustrie endgültig beendet zu haben: Die Luitpoldhütte wurde 1964 in einen Gießereibetrieb umgewandelt. Die Maxhütte, die in ihrer Glanzzeit rund 10 000 Menschen beschäftigte, ging 1987 in Konkurs. Als „Neue Maxhütte" versucht sie seit 1990 mit stark dezimierter Belegschaft im internationalen Markt zu bestehen.

Ganz allgemein verschlechtern sich neuerdings, der wirtschaftlichen Entwicklung Deutschlands folgend, die Verhältnisse. Voll neuem oberpfälzischem Selbstbewußtsein will sich heute jedoch niemand mehr so schnell einschüchtern lassen. Bedächtig und nüchtern, wie es Oberpfälzer Art ist, macht man sich an die Überwindung der Schwierigkeiten. Die EU-Fördermittel zur Umstellung von Stahlrevieren, die jüngst erfolgte Einstufung Ambergs als Oberzentrum und die Gründung einer Fachhochschule sollen dazu beitragen neue Arbeitsplätze zu schaffen. Darüber hinaus könnte sich die so lange zögernde Entwicklung der Industrie in Zukunft sogar als Vorteil erweisen. Bewahrte sich das Amberg-Sulzbacher Land

— eine der am dünnsten besiedelten und waldreichsten Regionen Bayerns — auf diese Weise doch bis in unsere Tage viel von seiner Schönheit und landschaftlichen Unberührtheit: ein unübersehbarer Pluspunkt in der Wachstumsbranche Tourismus.

In Stadt und Land: was Bürger und Bauern bauten

Der rasche wirtschaftliche Aufschwung der Nachkriegszeit wirkte sich auch auf das gewachsene, in vielen Jahrhunderten entstandene Siedlungsbild des Amberg-Sulzbacher Landes aus. Bedeutende Einzelgebäude, Kirchen und Rathäuser, so manches Bürgerhaus und Bauernanwesen hat man liebevoll restauriert. Vieles aber wurde in diesem von den Zerstörungen des Zweiten Weltkriegs so glücklich verschonten Landstrich allzu leicht und schnell einer pflegeleichten Allerweltsmoderne geopfert. Vor allem in den Dörfern blieb nicht viel zurück vom ursprünglichen, oft als ärmlich empfundenen Baubestand.

Charakteristisch für die Dörfer des Amberg-Sulzbacher Landes waren in den letzten 200 Jahren die regellose, offene Form der Gehöfte und das Ineinandergreifen von oberpfälzischem und fränkischem Formgefühl. Vor allem im Raum um Neukirchen-Etzelwang und im Birgland fand sich der fränkisch beeinflußte Fachwerkbau neben dem typischen verputzten Bruchsteinhaus der zentralen Oberpfalz. Dieses ist nicht besonders groß, schlicht und unauffällig: ein meist eingeschossiges, hochgiebeliges Wohnstallhaus, ganz bayerisch in seiner Vorliebe für klare, wenig gegliederte Baumassen, für große Dächer und ruhige Wandflächen. Die sparsam eingefügten Türen und Fenster werden von behauenen Sand- oder Kalksteinblöcken eingefaßt. Der Putz ist nicht einfach weiß gekalkt, sondern farbig getönt. Breite weiße Bänder, die am steilen Giebel entlanglaufen, die Kanten und Geschoßhöhen betonen und Türen und Fenster rahmen, geben dem Haus sein unverwechselbares Gesicht. Beeindrucken diese Bruchsteinhäuser bei all ihrer augenfälligen Schlichtheit durch eine grandiose Sicherheit in den Proportionen, so leben die Fachwerkbauten von der Graphik des dunklen Balkenwerks und der hellen Gefache. Meist füllt das Fachwerk nur den hohen Giebel. Das Holz wird vor allem statisch, ökonomisch eingesetzt, was nicht allein dem Wesen des Oberpfälzers entspricht, sondern sich auch aus der nahezu ausschließlichen Verwendung von Nadelholz ergibt.

Ganz andere Voraussetzungen prägen das Bild der Städte und Märkte. Wie Amberg oder Schmidmühlen entwickelten sie sich aus einem Handelsplatz oder im Schutz einer Burg wie Sulzbach-Rosenberg, wie Königstein, Kastl, Hohenburg und Rieden, wie möglicherweise auch Hirschau. Eine bewußte Gründung scheint nur Vilseck gewesen zu sein, genauso wie

Das typisches Oberpfälzer Bauernhaus war ein farbig getönter, weiß gebänderter Putzbau (Hof Päßler, Fürnried).

Fränkisch beeinflußt sind die Fachwerkbauten im Raum Neukirchen und im Birgland (Gehöft in Wolfertsfeld).

Das Altes Rathaus von Schnaittenbach ist ein Bau des späten 17. Jahrhunderts.

Das 1662 errichtete Rathaus von Hohenburg wurde 1719/20 völlig umgebaut.

Auerbach, über dessen Entstehen wir außergewöhnlich gut Bescheid wissen: Auf Wunsch Abt Adalberts verlegte der Bamberger Bischof Egilbert im Jahre 1144 „um die frommen Väter vom Geräusch des Weltlebens fernzuhalten" den Michelfelder Markt in das Dorf „Urbach" und ließ auch alle weltlichen Bewohner dorthin umsiedeln.

Ob jedoch gegründet oder entstanden: mit der Ablösung der Natural- durch die Geldwirtschaft begann das aufstrebende Bürgertum eine zunehmend wichtige Rolle zu spielen. In rascher Folge erhielten noch im 13. Jahrhundert zahlreiche Siedlungen in der ganzen Oberpfalz Markt- oder gar Stadtrechte, darunter Amberg und Sulzbach, einige Jahrzehnte später auch Auerbach, Vilseck und Hirschau. Die Städte übernahmen um diese Zeit nicht nur etwas von der alten Funktion der Burg als Sitz der Verwaltung, sie wurden darüber hinaus zu Zentren des Handels und Gewerbes. Kein Wunder, daß der Marktplatz eine ausnehmend wichtige Rolle spielte. Oft genug prägt er als langgestreckter weiträumiger Straßenmarkt bis heute das Bild der Städte und Marktflecken des Amberg-Sulzbacher Landes: man denke nur an Auerbach oder Hirschau, aber auch an Hahnbach oder Hohenburg.

War der Marktplatz der Mittelpunkt der Stadt, so die Mauer der sichtbare Ausdruck ihres Willens zur Selbstbehauptung. In Amberg, einem der frühesten Stützpunkte des Handels auf dem Nordgau, begann man im Jahr 1326 mit der Errichtung des zweiten, des heutigen Mauerrings, in Vilseck sechs Jahre später und auch in Sulzbach, Hirschau und Auerbach entstanden die Befestigungen noch im 14. Jahrhundert. Da das ursprünglich königliche Privileg der Befestigung zu den Stadtrechten zählte, durften sich Marktorte nicht ummauern. Sie besaßen aber oft Tore und nutzten wie Hahnbach und Schmidmühlen die Gunst der Lage, um sich wenigstens mit einem Wassergraben oder Flußlauf zu schützen.

Anders als in Hirschau, wo der Magistrat 1809 die drei Tortürme auf Abbruch verkaufte, anders als in Auerbach, wo sich nur noch geringe Reste der Mauern und Türme finden, sind von der ursprünglich bis zu neun Meter hohen und durch 13 Türme verstärkten Vilsecker Stadtmauer wenigstens noch drei der einst vier Tore erhalten, darunter das Obertor, das als „Voglturm" zum Wahrzeichen der Stadt geworden ist. In Sulzbach, das dank seiner Lage streckenweise auf eine starke Befestigung verzichten konnte, gehören die Reste der einstigen Graben- und Wallanlage zu den besterhaltenen der Oberpfalz. Besonders eindrucksvoll aber ist die ungewöhnliche Geschlossenheit der mittelalterlichen Befestigung in Amberg, von dem schon Bürgermeister Michael Schwaiger in seiner 1564 erschienenen Chronica meinte, es sei „die festest Fürstenstad". Noch überspannt im Zug des türmereichen Mauerrings, der das Oval der Altstadt umgibt, die „Stadtbrille", dieser mit Schießscharten versehene Verbindungstrakt zwischen kurfürstlichem Schloß und Zeughaus, mit zwei kräftigen Bögen die Vils und von den fünf Toren stehen vier, darunter das Nabburger Tor, das den mittelalterlichen Charakter der Befestigung am reinsten und schönsten verkörpert.

Nicht allein in Amberg wurde der von der Befestigung eingehegte, im 14./15. Jahrhundert erreichte Umfang bis weit in die Neuzeit nicht überschritten. Wohlstand und Selbstbewußtsein, die der florierende Handel und das dank des Zunftwesens aufblühende Handwerk mit sich brachten, demonstrierte man innerhalb der Mauern. So manches Bürgerhaus schmückte sich mit ragendem Giebel, mit einem prächtigen Erker oder Portal. Voll Stolz errichtete man ein Rathaus, stellte es wie in Auerbach oder Hirschau mitten hinein in die altbaierische Weite des Straßenmarkts, machte es wie in Sulzbach und Am-

Kurfürstenbad Amberg (1990, von Kuhlmann und Wörrlein)

berg noch in der Gotik zum Mittelpunkt der Stadt: mit prächtiger chörlein- und fialengeschmückter, mit dem pfalz-bayerischen Wappen ausgezeichneter Giebelfront das eine; schlank aufstrebend, geschmückt mit Erker, Freitreppe und Loggia das andere. Kluge Vorsorge ließen in Amberg, das so lange die eigentliche Hauptstadt der „oberen Pfalz" war, Getreidekasten, Schmalzkeller und städtisches Zeughaus entstehen, Wohltätigkeitssinn und fromme Barmherzigkeit das schon 1317 gestiftete Bürgerspital und das Seelhaus sowie das Leprosenhaus draußen vor den Mauern. Ihre schönsten Denkmäler aber setzten sich bürgerlicher Glaubenseifer und Repräsentationswille im 14./15. Jahrhundert in den Kirchen der beiden „Eisenstädte": in der Pfarrkirche Mariae Himmelfahrt in Sulzbach und im mächtigen Bau von St. Martin in Amberg, diesem

„stolzesten unter den bayerischen Hallenkirchen" und bedeutendsten oberpfälzischen Kirchenbau der Gotik neben dem Regensburger Dom.

Soweit nicht Brände und neue Kriege den älteren Baubestand dezimierten — Hirschau zum Beispiel wurde 1750 nahezu völlig eingeäschert —, fügte die Zeit nach dem Dreißigjährigen Krieg, der das Land weithin verelendete, nirgends mehr viel hinzu. Die Schnaittenbacher und Hohenburger errichteten im 17./18. Jahrhundert ihre Rathäuser. In Amberg wurden einzelne Häuser barockisiert, entstand nach 1726 die prächtige Ratstrinkstube mit den Allegorien der vier Elemente in den Muschelnischen der Fassade. Im ganzen gesehen aber haben erst in jüngster Zeit die gewandelten Bedürfnisse des Verkehrs, des Handels und der Freizeit sowie die ständig weiter ausgreifende Bebauung neue Akzente gesetzt.

Gott zu Ehren: Kunst im Dienst der Frömmigkeit

Gotik und Renaissance prägten bis in unsere Tage das Bild der Städte im Amberg-Sulzbacher Land. Die kirchliche Kunst aber ist weithin geformt vom frommen Eifer des Barock.

Dabei verlief die kirchliche Erschließung des Gebiets eng verzahnt mit dem Vordringen der weltlichen Gewalt und der Festigung der Adelsherrschaft. Der Bau von Kirchen und Klöstern, bei dem oft genug weltliches Machtkalkül und christliche Frömmigkeit eine letztlich unentwirrbare Mischung eingingen, scheint jedenfalls bis ins 12./13. Jahrhundert kaum weniger wichtig gewesen zu sein als der Bau von Burgen. Sicher ist, daß die Gründung mindestens der Hälfte aller Kirchen des Amberg-Sulzbacher Landes bis in diese Zeit zurückgeht. Was damals entstand ist allerdings wie die romanische Georgskirche, die erste Pfarrkirche Ambergs, völlig verschwunden oder nur in mehr oder weniger bescheidenen Resten erhalten. Dies gilt für eine Vielzahl von Kirchen, bei denen romanisches Mauerwerk manchmal kaum erkennbar in jüngere Bauten integriert ist. Dies gilt auch für Allersburg, wo immerhin die romanische Erkerapsis des einstigen Karners und eine Knotensäule erhalten sind. Es gilt für Pfaffenhofen, wo das Nordportal der Kirche das romanische Beschläg bewahrt; gilt für Ensdorf und Illschwang, wo noch die romanischen Türme stehen, und sogar für die zweigeschossige Burgkapelle von Breitenstein, die ursprünglich wohl ein profanes Obergeschoß besaß.

Die großartige Ausnahme ist Kastl. Nirgendwo sonst in Bayern gibt es eine Anlage, die den Charakter einer romanischen Klosterburg so rein und wohlerhalten verkörpert, die ähnlich beherrschend und burgartig wehrhaft hoch über dem Tal liegt. Möglicherweise noch im 11. Jahrhundert entstanden, auf jeden Fall 1103 durch Papst Paschalis II. bestätigt, ist Kastl das erste jener in der 1. Hälfte des 12. Jahrhunderts innerhalb weniger Jahrzehnte in einem wahren Wettstreit des hohen Adels gegründeten Klöster ringsum im Nordgau, zu denen auch Michelfeld und Ensdorf zählen. Dabei ist die Kastler Klosterkirche ein Bau von durchaus eigener Prägung. Auffallend ist vor allem der Mönchschor, der sich außergewöhnlich geräumig, aber niedrig und ohne Lichtgaden an das basilikale Langhaus mit seinem gemalten Wappenfries aller Stifter und Gönner des Klosters anschließt. Kräftige, mit schöner Bauplastik geschmückte Pfeiler teilen ihn in drei gleich hohe Schiffe; mit schweren Gurtbogen wölbt sich über seinem Mittelschiff eine der ältesten Tonnen dieser Größe im ganzen süddeutschen Raum.

Das 14. Jahrhundert erschütterte alles, was so lange fest gefügt schien. Soziale Veränderungen und Spannungen, nicht zuletzt die Pest, die damals ganz Europa heimsuchte und die Jahre 1348/49 im Amberg-Sulzbacher Land zu einer Zeit der Judenverfolgung und des großen Sterbens machte, führten zu einer tiefgreifenden religiösen und künstlerischen Erneuerung:

Auch nördlich der Donau hielt die Gotik Einzug. In Amberg hatte der große Brand von 1356 nahezu die ganze Stadt vernichtet. Der drei Jahre später in Angriff genommene und innerhalb weniger Jahrzehnte vollendete Wiederaufbau von St. Georg glich einem Neubau und ließ eine Basilika mit langgestrecktem Chor und kräftigem Westturm entstehen. In Sulzbach, wo man etwa um die gleiche Zeit mit dem von Kaiser Karl IV. geförderten Bau der heutigen Pfarrkirche Mariae Himmelfahrt begonnen hatte, entstand ein Basilikalraum, in dem schon Anklänge an das fortschrittlichere Hallenschema spürbar werden. Die bei aller äußeren Schlichtheit so machtvolle Martinskirche in Amberg, deren Wiederaufbau man erst 1421 in Angriff nahm, hat diesen Baugedanken mit ihren schlanken Rundstützen und dem Rippensystem der Gewölbe vollendet; ja, sie hat ihn mit hochgezogenen Seitenkapellen und umlaufender Empore noch weiterentwickelt. Doch nicht nur in Amberg und Sulzbach, auch ringsum im Land entstanden neue Kirchen oder doch wenigstens ein neuer lichtdurchfluteter Chor; überall gab man neue Altäre und Andachtsbilder in Auftrag.

St. Martin in Amberg (15. Jh.)

St. Georg in Amberg (14. Jh., nach 1718 barockisiert)

Dezimiert durch den Bildersturm, den der Calvinismus mancherorts auslöste, dezimiert durch spätere Kriege und Brände und nicht zuletzt durch die so ganz anders geartete Ästhetik des Barock, ist heute sicher nur mehr ein Bruchteil dessen erhalten, was Romanik und Gotik entstehen ließen. Das an der Westwand der Kastler Klosterkirche eingelassene steinerne Relief eines sitzenden Mannes und der Türklopfer in Pfaffenhofen gehören jedenfalls zu den ganz wenigen Arbeiten der Romanik, die erhalten sind. Aus der Zeit der Gotik findet sich neben manch rührend naiver Marien- oder Heiligenfigur — oft Reste einstiger Flügelaltäre — und neben Malereien, die wie in Ehenfeld lange unter Putz verborgen waren, so Bemerkenswertes wie die hohe, schlanke Steinfigur Karls IV. am Chor der Sulzbacher Pfarrkirche und das dortige Holzrelief des Marientodes, wie die Kastler Stifterfiguren und das Tafelbild der Kreuzauffindung in St.Martin in Amberg, die bemalte Holzdecke in der Auerbacher Kirche St.Helena und die sechs Tafeln des einstigen Hochaltars in Vilseck. Vom „Pildhauer aus Schmidmülln" wie sich Erasmus Grasser 1508 selbst bezeichnet, der ein Werk von ekstatischer Kraft und bildhauerischer Brillanz hinterließ und einer der größten ist unter den Meistern der bayerischen Spätgotik, besitzt das Amberg-Sulzbacher Land leider keine einzige Arbeit.

Wesentlich reicher vertreten ist die Grabmalkunst, deren weitgespannter Bogen so eindrucksvolle Arbeiten umfaßt wie die Tumba des Pfalzgrafen Rupert Pipan mit der nahezu vollrunden Figur des Frühverstorbenen in Harnisch und Fürstenmantel im Chor von St.Martin und das an der Südseite dieser Amberger Kirche angebrachte Epitaph für den aus Vilseck stammenden Büchsenmeister Martin Merz; wie die Arbeiten Loy Herings für den Kastler Abt Johannes Menger und das Epitaph für Johann von Erckenbrechtshausen in Ursensollen, die einzige Bronzeplatte in weitem Umkreis.

Das 17. Jahrhundert, dessen wirtschaftlicher Niedergang die ganze Oberpfalz erfaßte, brachte der katholischen Kirche neuen Aufschwung: Schon 1624 berief Kurfürst Maximilian I., erzogen im strengen Geist des Jesuitenordens und der Gegenreformation, die Jesuiten nach Amberg, die sich voll Glaubenseifer an die Rekatholisierung der Bevölkerung machten. 45 Jahre später stellte sein Sohn Kurfürst Ferdinand Maria mit beträchtlichem finanziellem Aufwand die von Ottheinrich von der Pfalz aufgehobenen Klöster wieder her: In Ensdorf und Michelfeld kehrten die Mönche zurück. In Amberg begannen die Jesuiten 1665 bei St.Georg mit dem Bau ihres Kollegiums, dessen langgestreckter Ostflügel den Malteserplatz nun so machtvoll beherrscht und zu dessen schönsten Räumen die kleine, aber feine Bibliothek und der Kongregationssaal mit dem Altarblatt des in Amberg mehrfach vertretenen Rubensschülers Caspar de Crayer zählen.

Romanischer Türklopfer an der Kirche in Pfaffenhofen

Ende des Jahrhunderts hatte sich die von den oberbayerischen Wittelsbachern mit Eifer betriebene Gegenreformation überall durchgesetzt und der weitaus größte Teil des Amberg-Sulzbacher Landes mit Ausnahme der zum Herzogtum Sulzbach gehörenden Gebiete endgültig Anschluß an die „Bavaria sancta" des Barock gefunden. Nach den Plänen des Amberger Stadtbaumeisters Wolfgang Dientzenhofer begann man damals innerhalb weniger Jahre mit dem Neubau der Klöster Ensdorf und Michelfeld, mit dem Bau der Amberger Salesianerinnenkirche (Schulkirche) und der Wallfahrtskirche Maria Hilf. Dientzenhofers Kirchenräume sind mit Ausnahme der Schulkirche einfache, emporenbesetzte Wandpfeileranlagen, die dem etwas spröden Vorarlberger Schema folgen. Die Ausstattung, an der so bedeutende Stukkateure wie Giovanni Battista Carlone und Paolo d'Aglio (Schulkirche, Maria Hilf), Egid Quirin Asam (Michelfeld) und Philipp Jakob Schmutzer (Ensdorf, Georgskirche) mitwirkten, aber macht sie wie die rund 20 Jahre später umgestaltete Amberger Georgskirche, zu wahren Festsälen Gottes. Viel trug dazu auch die Malerei Cosmas Damian Asams bei, der zusammen mit seinem Bruder Egid Quirin eine ganze Epoche bayerischer Baukunst prägt. Als 27jähriger schuf er, eben zurückgekehrt von einem zweijährigen Studienaufenthalt in Rom, in Ensdorf, in der Amberger Mariahilf-Kirche und in Michelfeld seine ersten Fresken.

Knapp 40 Jahre nach Vollendung der Schulkirche wurde der Dientzenhofersche Zentralbau vergrößert. Die Kirche erhielt ihr prachtvolles Portal. Zu einer Kostbarkeit des bayerischen Rokoko aber machte sie nach 1757 die höchst qualitätvolle

Neuausstattung, zu der Gottfried Bernhard Götz mit der sanften und dabei doch kräftigen Farbigkeit seiner schwungvollen Malereien so viel beitrug.

Längst hatte man damals auch überall draußen im Land Gefallen gefunden an der lichterfüllten, farbigen Heiterkeit des neuen Bauens. Selbst in so manche Simultankirche des Herzogtums Sulzbach zog der neue Stil ein. Was in den Jahrzehnten zwischen 1710 und 1780 entstand, läßt sich gar nicht aufzählen. Dem frommen Eifer des Barock aber schien es nicht genug. Die mittelalterlichen Wallfahrten auf den Johannisberg und den Frohnberg lebten wieder auf, neue, wie jene auf den Mausberg kamen hinzu. Bittgänge und Prozessionen fanden statt, an denen die Zünfte mit Kerzen und jenen liebevoll geschnitzten Zunftstangen teilnahmen, wie sie in der Sulzbacher Pfarrkirche zu finden sind und noch heute in Amberg und Hohenburg mitgetragen werden. Man erwarb Reliquien und Heilige Leiber, stellte sie reich geschmückt auf die Altäre. Mit Marterln und Votivbildern erinnerte man an schlimme Ereignisse und überirdische Hilfe, mit Krippen an das Wunder der Weihnachtszeit. So manche Brücke wurde wie in Vilshofen in den Schutz des hl. Nepomuk gestellt. Draußen an den Feldwegen und im Dunkel der Wälder aber errichtete man Kapellen, stellte man wie bei Gebenbach und Hahnbach einen Kalvarienberg auf, ein Arma-Christi-Kreuz — bei Ursulapoppenricht ist noch ein besonders schönes zu finden — oder doch wenigstens eines der typischen einfachen Holzkreuze mit der gemalten Blechtafel des Gekreuzigten.

Mit Aufklärung und Säkularisation ging erneut Kostbares verloren: Bibliotheken wurden aufgelöst, Kunstschätze und ganze Kircheneinrichtungen verschleudert. Um 1930, vor allem aber nach 1945 entstanden mit neuen Wohnviertel auch neue moderne Kirchenbauten.

Barock im Amberg-Sulzbacher Land:
Die Bilder auf der linken Seite zeigen jeweils von links nach rechts:
Engel vom Schalldeckel der Kanzel in St. Georg Amberg; Gnadenbild, Maria-Hilf Amberg; Akanthusaltar, Pfarrkirche Auerbach; Deckengemälde von Joh. Gebhard, Provinzialbibliothek Amberg; Wandmalerei in der ehem. Schloßkapelle Amberg; hl. Ambrosius, Fresko von G. B. Götz, Schulkirche Amberg; Hl. Leib, Schulkirche Amberg; Stuhlwange, Maria-Hilf Amberg

Die Bilder rechts zeigen:
Arma-Christi-Kreuz in Ursulapoppenricht (oben)
und Kreuzwegkapelle am Annaberg, Sulzbach (unten)

27

Alte Sitten und junge Bräuche: wie wir feiern

Noch immer spürbar, wenn auch längst nicht mehr von alter Bedeutung sind im Amberg-Sulzbacher Land die Grenzen zwischen den einst sulzbachischen und den Amberger Gebieten, die Unterschiede zwischen dem herberen rationalen Ernst des Protestantismus und der beschwingteren Lebensfreude des Katholizismus. Einst wurden sie selbst in der Tracht deutlich; noch heute lassen sie sich in Sitte und Brauch entdecken, die doch wie alles Lebende ständiger Entwicklung und Wandlung unterworfen sind.

Verloren gingen vor allem jene Bräuche, die wie das „Judasbrennen" eng mit dem bäuerlichen Leben verbunden waren: nirgends mehr fertigt man aus dem Holz, das die Buben in ganzen Bündeln am Osterfeuer anbrannten, jene kleinen Kreuze, die zusammen mit geweihten Palmkätzchen an die Felderecken gesteckt wurden. Anderes blieb erhalten oder wurde wieder belebt. Neues ist hinzugekommen, so die Martinsumzüge und das Osterbrunnenschmücken, die Pferderitte in Hausen und Kemnath am Buchberg, die Leonhardifahrt von Wolfsbach.

Nicht zu übersehen ist die nie ganz verschwundene Bindung des Brauchtums und des Festkalenders an das Kirchenjahr. Es beginnt mit dem Advent, der inzwischen ohne Adventskranz oder -gesteck, ohne den Schimmer der Christbäume auf den Plätzen und vor den Häusern, ohne Adventssingen und die Weihnachtsmärkte kaum mehr denkbar ist. Wie früher schneidet mancher um den 4. Dezember Barbarazweige. Und wie früher begehen die Amberger, die Sulzbacher und Auerbacher

Winteraustreiben des Heimatvereins Birgland im Oberpfälzer Freilandmuseum Neusath-Perschen

Bergknappen den Tag ihrer Schutzpatronin mit feierlichem Gottesdienst und Umtrunk. Um den 6. Dezember kommt der Nikolaus und ein paar Tage später, am Martinstag, ziehen die Kinder mit selbstgebastelten bunten Laternen durch die abendlich dunklen Straßen, ein Brauch, der sich erst nach 1945 einbürgerte. Wieder üblich geworden ist mancherorts das Frauentragen, bei dem wie in Hausen und Pittersberg eine Marienfigur oder ein Madonnenbild in Erinnerung an die Herbergssuche jeweils eine Nacht in einem Haus bleibt. Oft wird neben dem weihnachtlichen Christbaum auch wieder eine Krippe aufgestellt.

Beschränkt auf katholische Orte sind viele Bräuche der ersten Monate des Jahres. An Dreikönig geht dort noch so mancher mit Weihrauch durchs Haus und schreibt mit Kreide neben der Jahreszahl die Anfangsbuchstaben der Könige K + M + B über die Haus- oder Stalltür. Man spendet um den 6. Januar den Sternsingern; läßt an Lichtmeß, dem 2. Februar, der früher für Knechte und Mägde Zahltag war und der Tag, an dem die Dienstboten ihre Stellung wechselten, Kerzen weihen und geht am Tag danach zum „Einblaseln", hilft der Blasiussegen doch gegen Halsweh.

Längst ist dann schon Fasching, Wirts- und Vereinshäuser haben Hochkonjunktur. Nur an den allerletzten Tagen spielt sich manches auf den Straßen ab: am Faschingssonntag, wenn nicht nur in Amberg und Sulzbach-Rosenberg die Faschingsumzüge stattfinden; am Schmalzmontag — früher wurden an diesem Tag die Kücheln gebacken —, an dem die „Hexen" ganz Rieden unsicher machen. Am Aschermittwoch, an dem man zum „Einascheln" geht und den Geldbeutel am Brunnen

Eröffnung des Weihnachtsmarkts in Schloß Theuern

Auch vor St. Georg in Amberg übernehmen am Karfreitag die Ministranten mit ihren Ratschen die Aufgabe der Kirchenglocken.

auswäscht, ist dann in Schmidmühlen der traditionelle Fischzug unterwegs, der zum erstenmal im 18. Jahrhundert stattgefunden haben soll: Schweigend und schwarz gewandet, den Zylinder auf dem Kopf und auf dem Rücken einen weiß gezeichneten Fisch, so ziehen die Burschen und Männer im Gänsemarsch von Wirtshaus zu Wirtshaus. Brot, Heringe und Freibier gibt es dort. Bis Ostern ist dann auch im Amberg-Sulzbacher Land eher Starkbier- als Fastenzeit.

Dann wird der Winter ausgetrieben, beginnt mit dem Palmsonntag eine der traditionsreichsten Wochen des Jahres. An diesem letzten Sonntag vor Ostern werden die Palmkatzerl geweiht: kleine, aus Weidenkätzchen gebundene Gestecke für den Herrgottswinkel, die wie in Amberg mit Silberpapier und bunten Papierrosen verziert sind; oder hohe, mit Buntpapier umwickelte Stangen, phantasievoll geschmückt mit Äpfeln und bunten Bändern, richtige Prachtbuschen, wie sie neuerdings die Kastler Buben zur Kirche bringen. Am Gründonnerstag ißt man etwas Grünes, die Kirchenglocken „fliegen nach Rom" und die Ratschnboum müssen ihre Aufgaben übernehmen. Der eigentliche Ratschntag, der Tag an dem sie wie in Hohenburg und Freihung mit ihren Holzratschen unterwegs sind, ist der Karfreitag. Er ist in der evangelischen Kirche ein großer Festtag, in der katholischen ein Tag besonderer Trauer und der Tag, an dem man die reich mit Blumen geschmückten Heiligen Gräber besucht. In der Kastler Klosterkirche stehen seit ein paar Jahren wieder die alten großen Holzständer mit den bunten, wassergefüllten Glaskugeln zu Seiten der aufgebahrten Figur Christi. Die Teelichte, die hinter ihnen brennen — früher waren es Öllampen — tauchen die ganze Vorhalle in

magisches Licht. Am Karsamstag entzünden die Gläubigen ihre Kerzen an der Flamme der neugeweihten großen Osterkerze. Am Ostersonntag bringt man gefärbte Eier, Geräuchertes, Osterbrot und Salz zur Speisenweihe in die Kirche und dabei wird nicht vergessen, daß die Eier angepeckt und Taschen und Körbe offen sein müssen, „damit die Weich hineinkann". Kaum noch üblich sind die einst recht zahlreichen Eierspiele. Da und dort aber gehen die Burschen im Westen des Amberg-Sulzbacher Landes noch zum „Räiloia-Singa".

Recht seltsam geht es mancherorts in der Walpurgisnacht zu. In Hausen bricht nach dem letzten Ton des Gebetläutens ein wahrer Höllenspektakel los, beginnen die Buben doch mit wildem Eifer das „Hex-Aasdrummeln". Still und heimlich sind dagegen in dieser Nacht in den Ortschaften zwischen Johannisberg und Gebenbach - Hirschau - Schnaittenbach die Burschen unterwegs. Sie gehn „Walpern", treiben allerlei Unfug und ziehen weiße Striche zwischen den Türen verliebter Paare. Auch für das Feuer am Vorabend von Johanni — in Ursulapoppenricht wird es 1996 seit 175 Jahren ohne Unterbrechung angezündet — sind die Burschen zuständig, denen die Buben eifrig beim Holzsammeln helfen.

Im Juni ziehen in katholischen Orten die Fronleichnamsprozessionen durch die Straßen, beginnt mit dem Sommer auch die große Zeit der Wallfahrten und Bergfeste. Heute läßt sich nur schwer nachempfinden wie die in barockem Glanz erstrahlenden Kirchen, das fröhliche Treiben ringsum, das unvergleichliche Ineinander von Irdischem und Himmlischem einst auf eine Bevölkerung gewirkt haben müssen, die gezwungen war in bescheidensten Verhältnissen zu leben. Zum

Fronleichnamsprozession in der Amberger Regierungsstraße

Gebenbacher Mausberg und zum Kreuzberg bei Schmidmühlen kommen die Wallfahrer noch immer. Die Bergfeste auf dem Mariahilfberg, dem Annaberg und dem Frohnberg — zu Maria Himmelfahrt werden auch dort die sorgsam gebundenen Kräuterbuschen geweiht — aber sind über alles Religiöse hinaus zu Treffpunkten aller mit allen geworden und zu Festen, die aus dem sommerlichen Leben des Amberg-Sulzbacher Landes nicht wegzudenken sind.

Wenn der Sommer sich dem Ende zuneigt ist Erntedankfest, an dem in allen Kirchen die Früchte des Feldes und der Gärten rings um die liebevoll aus Getreide gebundene und mit Blumen geschmückte Erntekrone ausgebreitet sind. Dann kommen Allerheiligen, Allerseelen und der Totensonntag. Man besucht die Gräber, auf denen in katholischen Gemeinden die Lichter brennen. Selten geworden ist das „Rahnergeistern", das einmal zu den Spätherbstfreuden der Buben gehörte. Runkelrüben werden kaum noch angebaut und erschrecken kann man mit den ausgehöhlten Rüben, hinter deren eingeschnittenen Augen-, Mund- und Nasenöffnung eine Kerze brennt, ohnehin niemand mehr. Auch „Kathrein — stellt den Tanz ein", hat nicht mehr die einstige Bedeutung. Kann doch heute jeder, der dazu Lust hat, das ganze Jahr hindurch irgendwo zum Tanzen gehen. Zum Kathreintanz aber laden die Wirte um den 25. November noch immer.

Die Zeit der langen Nächte ist damit endgültig angebrochen. Früher wurde es nun geruhsamer. Manchmal trafen sich die Frauen und Mädchen schon am Nachmittag, um gemeinsam vor den Spinnrädern zu sitzen, um zu flicken, zu stricken und zu ratschen. Am Abend kamen die Männer und Burschen dazu, die manchmal meinten, sie müßten ihre Kraft vor den Weibspersonen beim Fingerhackln oder Faustschieben demonstrieren. Meist aber brachten sie Musikinstrumente mit und mancher wußte gut zu erzählen: von der wilden Jagd, die durch den Winterwald stürmt, von feurigen Männern und Wetterhexen, Riesen und Zwergen, geizigen Bäuerinnen, weißen Fräulein und feurigen Männern, vom Wouzl und dem Teufel, von Holzhetzern und Holzweiblein.

Die alte Freude der Oberpfälzer am Erzählen von Sagen und Legenden, ihr hinterkünftiger Spaß am Erfinden von Possen und am Ausdenken von Schwänken, die oft mit zupackendem Humor ausgeschmückt wurden, geht in unserer Fernseh-Gesellschaft mehr und mehr verloren. Nicht verloren aber ist die Freude am Feste feiern, am Zusammenhocken bei Bier und Bratwürsten. Von April bis weit in den Herbst hinein hat man im Amberg-Sulzbacher Land an jedem Wochende Gelegenheit — und manchmal mehr als eine —, an irgendeinem jener zahlreichen Feste teilzunehmen, die immer beliebter werden: an einem Frühlings- oder Sommerfest, einem Altstadt-, Markt- oder Dorffest, an einem Schützen- oder Feuerwehr-, Gockerl- oder Fischerfest, an einem Burg- oder Museumsfest, einem Backofenfest. Natürlich auch an einer der zahllosen Kirchweihen, die manchmal zu reinen Wirtskirchweihen geworden sind. Weit beliebter sind die „richtigen", die traditionellen Kirchweihen mit ihrem überlieferten Brauchtum, wie sie von den Burschen ausgerichtet werden. Noch immer kommen alle Verwandten und Bekannten zusammen und noch immer heißt es: „Oh Kirwa lou niat nou, bleib nu a bisserl dou...".

Am Samstag wird von den Burschen der Kirwabam aufgestellt. Am Sonntagnachmittag ziehen die Kirwaboum durch den Ort, um ihre Kirwamoila zum Austanzen des Baumes abzuholen. Begleitet werden sie von den Musikanten. Nicht fehlen darf im Birgland, in Sulzbach und um Neukirchen der fein gewaschene und geschmückte Bätz, ein kräftiger Hammel, und das Faß Bier auf dem Schubkarren. Immer wieder wird daraus die Lisl aufgefüllt, der Bierkrug, der eifrig die Runde macht. Hat man das Anfeuchten der Kehlen bei all den lauten und oft recht drastischen Gesängen doch bitter nötig. In Hirschbach verzichtet man auf den Bätz, da geht „des waiste Poar" mit, zwei verkleidete Burschen, die auch „in Booch ei mian". Ist dann der Baum ausgetanzt, so trifft sich alles in den gesteckt vollen Wirtshäusern, wo gegessen und getrunken wird und die Musikanten für alle zum Tanz aufspielen. Oft feiern die Kirwaboum am Montag noch einmal unter sich. Manchmal sind sie dann mit Musik, viel Bier und dem Kirwabär im ganzen Dorf unterwegs: in Raigering mit Blumen am Hut, die Gesichter mit Ruß beschmiert, während die Freudenberger stolz sind auf ihren „richtigen" Bären.

Ungebrochen ist auch die altbaierische Freude am Tanz und am Musikmachen, die nicht zuletzt bei den Kirchweihen zum Ausdruck kommt. Da spielt man ja meist nicht Modernes — das kommt bei anderer Gelegenheit zum Zug — sondern Dreher, Schottisch und Polka und die alten „Baierischen", die „Vazwickten und die „Ganz Vadrahdn" mit ihrem Rhythmuswechsel; all jene lange nur mündlich überlieferten Tänze, bei denen sich das Tanzmaß nach dem Silbenmaß richtet und die so beliebt sind wie „Ja, unser Bauer, des is a schlauer...", „An oinzigs Hendl, an oinzigs Oa..." oder „Wer den niat ka, wer den niat ka...". Auffallend ist das angeborene Musikantentum vieler Amberg-Sulzbacher und der Spaß, den sie daran haben

Kirchweih, Musik und Tanz im Amberg-Sulzbacher Land:
Die Bilder zeigen jeweils von links nach rechts: Hohenburger
Blaskapelle; Kirwabär in Raigering; Tanzgruppe Massenricht;
Kirwa-Bätz bei der Sulzbacher Woizkirwa; Detail des
Sulzbacher Geschichtsbrunnens (Peter Kuschl, 1991); das
„waiste Poar" in Hirschbach; das Sulzbacher Oberkirwapaar
1995, Aufstellen des Sulzbacher Kirwabams; Hirschauer
Feieroumdmuse.

aus dem Stegreif Neues aber auch Bekanntes auf eigene Art zurechtzuspielen und zu -singen. Wer einer der vielen Musik- und Gesangsgruppen zuhört, die auch bei den immer beliebter werdenden Rockastu'm und Hutzaabenden mitwirken, wird immer aufs neue überrascht sein vom vielfältigen Reichtum einer Musik, die von der oberpfälzischen Mittlerfunktion zwischen Franken und Böhmen lebt und doch von schönster Eigenart ist.

Nicht nur Kartoffeln: was uns schmeckt

Als man der Oberpfalz vor rund 150 Jahren den Namen „Erdäpfelpfalz" anhängte, hat dies um Amberg und Sulzbach wohl niemand geärgert. Zu sehr war man sich bewußt, wie nötig man die unscheinbaren Knollen hatte, deren Anbau von dem

Winterliche Hausschlachtung im Birgland

Amberger Stadtpfarrer Dr. Johann Heinrich Werner zwischen 1716 und 1752 so sehr gefördert worden war. Daß man auch heute weiß, was man an der Kartoffel hatte und hat, beweist der Brunnen mit dem die Amberger ihr im Jahr 1990 ein Denkmal setzten; beweisen die 1. Bayerische Kartoffelolympiade im Jahr darauf in Schloß Theuern und nicht zuletzt so manch gern gesungenes Volkslied wie der Birgländer Naougsang „Hoam sollt i göih, dou sollt i bleibn, meina Muada sollt i d Erdäpfl reibn…" oder „Und öiermal hammar an Dotsch ghat und öiermal niat aa, und oiermal is a gschmalzn gwen und oiermal niat aa…" oder „Eadöpfl unna Le'm,

  alle Dooch mou'ses ge'm,

  weil ses gi't fröih und spaout,

  lei'n ma koi Naout!…"

Es waren die Kriege, die Jahre des Mißwuchses und der Hungersnöte, die im 18. und 19. Jahrhundert den Siegeszug der Kartoffel im Amberg-Sulzbacher Land förderten, in einem Landstrich, in dem es die Menschen nach dem Dreißigjährigen Krieg nur selten leicht hatten. Vermerkte Franz Xaver von Schönwerth im Jahr 1857 doch nicht umsonst: „Tag und Nacht arbeiten, schlecht sich nähren und dabei zufrieden sein, ist Grundgesetz des oberpfälzischen Lebens."

Die ländlich geprägte Küche des Amberg-Sulzbacher Landes entwickelte unter diesen Umständen nicht viel Raffinement, obwohl in mancher städtischen Familie und bei mancher Pfarrersköchin auch recht Anspruchsvolles auf den Tisch kam. Immerhin erschien eines der ältesten, gedruckten und von einer Frau verfaßten Kochbücher — „Ein köstlich new Kochbuch…" von Anna Weckerin — 1597 in Amberg. Dabei gelang es bei allem Sichbescheidenmüssen auch den einfachen Hausfrauen viel Abwechslungsreichtum in den Speisezettel zu bringen. Und wenn die Männer fanden „am besten waarn d'Erdbirn halt, wenn s' zerscht durch d'Sau ganga waarn!" und bei Gelegenheit die weiblichen Kochkünste bejammerten: „Zerscht reim 'ses, nacha soin 'ses, nacha braun 'ses und nacha san's allaweil wieda bloß Erdbirn!", so gibt es doch im ganzen Amberg-Sulzbacher Land wohl niemand, der unter den Kartoffelspeisen nicht ein Leibgericht hätte: Sei es der aus gekochten Kartoffeln zubereitete Schmarrn, seien es die Kartoffelnudeln, die Bauchstecherl und Schopperln oder der Dotsch, seien es die Kartoffelknödel, die so viele Zubereitungsarten und -namen haben und ohne die der Schweinsbraten einfach nicht richtig schmeckt.

Heute geraten viele traditionelle Gerichte in Vergessenheit, gewinnen doch mit höherem Lebensstandard, mit Fernsehen und Fernreisen auch bei uns Internationales, Exotisches, Vorgefertigtes immer neue Freunde. Selbst die „Schmankerlwirte", die sich auf das Bewahren der Tradition viel zugute halten, wandeln das Alte ab und kreieren Neues. All die Milch-, Einbrenn-, Brot- und Kartoffelsuppen, ohne die der Speisezettel einst undenkbar war, viele der in zahllosen Abwandlungen zubereiteten Kartoffelgerichte werden von Fleischspeisen verdrängt, die es früher nur alle „heiligen Zeiten" gab: an Weihnachten, zu Kirchweih, bei Hochzeiten.

Noch immer aber gehören die Köichla, die Kiachln, die schwimmend in Schmalz herausgebackenen „Ausgezogenen" mit dem dicken braunen Rand rings um die nahezu durchscheinend dünne, hellgelbe Mitte zu den kulinarischen Festtagsfreuden. Und selbst wenn es nun Steckerlfisch gibt und Hax'n, Pizza und Gyros, so wären die kleinen und großen Feste des Sommers doch keine wirklichen Feste, gäbe es nicht Brezen und Spitzl, Rettich und Käs, vor allem aber die über dem offenen Feuer der Kiefernzapfen brutzelnden Bratwürste und das kühle Bier in den Krügen.

Die Bilder entstanden beim Pfingstritt in Kemnath am Buchberg (oben links), beim Annabergfest in Sulzbach (oben rechts) und beim Buchbergfest (unten).

Um Johannisberg, Hirschau, Schnaittenbach und Vilseck: der Nordosten

Der Johannisberg, auf dem sich in vorgeschichtlicher Zeit eine ausgedehnte Ringwallanlage befand, ist zusammen mit dem nördlich gelegenen Rotbühl und dem nicht ganz so hohen Blauberg der am weitesten nach Westen vorgeschobene Ausläufer des sogenannten Naabgebirges. Bis zu 200 Meter über dem Umland aufsteigend, gegen Süden durch die Fensterbach-Verwerfung scharf geschieden, greifen seine Granite und Gneise um Freudenberg und Wutschdorf wie ein Sporn hinein in das sogenannte Oberpfälzer Bruchschollenland mit seinen sandigen und tonigen Böden, mit den weiten Ackerfluren, den kleinen Waldflächen und den kettenartig aneinandergereihten Fischweihern.

Im Mittelalter war dieses Gebiet im Nordosten des Amberg-Sulzbacher Landes bis hinüber zur Naab Teil der Herrschaft Freudenberg, die Mitte des 13. Jahrhunderts erstmals urkundlich greifbar wird. Aus der Zeit des Hans von Freudenberg, der 1594 über sein am Rand des Ortes gelegenes und nicht erhaltenes Schlößchen schrieb, „daß es mit einer kleinen Summa (in) gar eine fürstliche Residenz zugericht werden möchte", wissen wir, daß sich diese seine Herrschaft durch die hohe und niedere Jagd auszeichnete, durch Halsgericht und Marktgerechtigkeit, aber auch durch das königliche Recht jederzeit „Todtschläger und Uebelthäter aller Art" aufzunehmen und bei sich zu behalten. Sie hatten für den Geleitbrief einen halben Gulden und für jede Woche Aufenthalt bei eigener Verköstigung 15 Kreuzer zu entrichten.

Nach Norden ist die Grenze des Naabgebirges weit weniger auffallend. Dort prägen die weiß leuchtenden Abraumhalden der Kaolinindustrie um Schnaittenbach und Hirschau die Landschaft, ist der „Monte Kaolino", dieser international bekannte Sommerskiberg, geradezu zum Wahrzeichen geworden. Beide Orte, Schnaittenbach wie Hirschau, liegen am alten Handelsweg von Prag nach Nürnberg. Beide Orte zeigen trotz der Verwüstungen und Brände, von denen sie bis ins 19. Jahrhundert heimgesucht wurden, im alten Kern den auffallend regelmäßigen Grundriß geplanter Siedlungen. Recht typisch sind die großen, gewölbten Toreinfahrten vieler Häuser, an die sich

Schlauderhof, seit dem Jahr 1670 im Besitz der gleichen Familie, liegt an einem der zahlreichen Fischweiher, die sich südlich des Johannisbergs aneinanderreihen.

nach rückwärts — heute oft umfunktioniert — Hof und Wirtschaftsgebäude anschließen: waren doch auch die Schnaittenbacher und Hirschauer lange Zeit Ackerbürger. Die bei Kleinschönbrunn entspringende Vils, der wichtigste Fluß des Amberg-Sulzbacher Landes, fließt zunächst nach Norden, dann westlich von Freihung durch die sogenannte Vilsecker Mulde. Gezielte Fördermaßnahmen sollen diese botanisch wie zoologisch höchst interessante alte Kulturlandschaft erhalten helfen, dieses Mosaik einsamer Auwälder und Niedermoore, feuchter und trockener Wiesen, Weiher und schmaler Bachläufe.

In den Jahren nach 1007 hatte Kaiser Heinrich II. neben dem großen Königsgutbezirk um die Pfalz Forchheim, neben ausgedehnten Ländereien bis nach Tirol und Kärnten auch weite Gebiete im Nordgau seinem neu gegründeten Bistum Bamberg übereignet, darunter wohl den ganzen Landstrich beiderseits der Vils: 1174 ist jedenfalls von einem bischöflich bambergischen Besitz zwischen Amberg und Bamberg die Rede. Das wahrscheinlich ältere Axtheid und Vilseck mit der Burg Dagestein gehörten von da an und bis zur Säkularisation im Jahr 1803, also mehr als 800 Jahre, zum Hochstift Bamberg, während das nahe, heute fast mit Vilseck zusammengebaute Schlicht seit 1329 kurpfälzisch war und 1628 zum Kurfürstentum Bayern kam. Daß sich unterm Krummstab besser leben ließ, ist Vilseck bis heute anzumerken. Läßt sich doch im Stadtbild mit seinen beiden breiten, rechtwinkelig zusammenstehenden Marktstraßen noch immer etwas spüren vom frühen Wohlstand seiner Bürger. Allerdings ist auch die Nähe zum Truppenübungsplatz Grafenwöhr nicht zu übersehen, dessen Südlager zu Vilseck gehört und „a little bit America" in die Stadt bringt.

Vilseck hat seinen Namen nicht umsonst, liegt es doch dort, wo die Vils abrupt nach Süden abbiegt, um dieser Richtung dann bis zur Mündung in die Naab treu zu bleiben. Bis Amberg fließt sie durch eine Niederung, die von den Geologen Hahnbacher Sattel genannt wird, nachdem sie feststellten, daß sich die aufgefalteten Gesteinsschichten hier noch im Jura bis zu etwa 450 Meter über dem heutigen Niveau aufwölbten und daß erst die in der Kreidezeit einsetzende Erosion die jetzige Senke formte. Wallartig ansteigende Höhen wie Hahnenkamm, Zant- und Kreuzberg, Süßer Berg und Mausberg rahmen nun die flache Keupermulde: ein von der Vils und ihren Seitenbächen durchflossenes Bauernland. Kleine Waldstücke und flache, von trockenen Kiefernwäldern bedeckte schmale Höhenzüge liegen zwischen den Feldern. Buschreiche Bruchwälder begleiten die Wasserläufe, die vor allem zwischen Süß, Hahnbach und Iber zu ganzen Ketten von Fischweihern angestaut sind.

Von der „sankt Johanneskirche auf dem heiligen Berg" ist schon im Jahr 1426 die Rede. Nach der Zerstörung des mittelalterlichen Baus unter Pfalzgraf Friedrich II. (1544-1556) wurde rund hundert Jahre später die heutige Kirche (links) geweiht.

Heute ist der Johannisberg und die ganze Umgebung (rechts: im Fensterbachtal) ein beliebtes Wander- und Skigebiet. Einmal im Jahr, zu Johanni bringt das Johannisbergfest wie einst viel fröhliches Volk zu der mitten im Wald gelegenen Kirche.

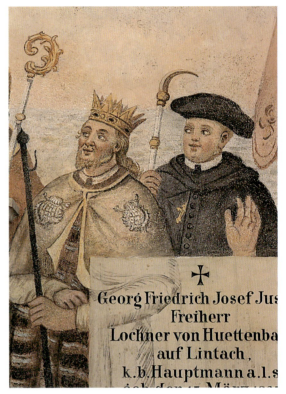

Lintach besitzt noch heute zwei Schlösser. Der seit dem 12. Jahrhundert genannte Edelsitz kam 1657 in den Besitz der Lochner von Hüttenbach, die bis zu ihrem Aussterben im Jahr 1947 hier ansässig waren. Auch außerhalb der Familiengruft in der Kirche erinnern zahlreiche Grabdenkmäler an Mitglieder der Familie. Besonders originell ist das gemalte Epitaph für den 1827 geborenen königlich bayerischen Hauptmann Georg Friedrich Josef Justin Freiherr Lochner von Huettenbach (oben).

Am Pfingstmontag macht sich alljährlich ein langer Zug von Reitern und Kutschen auf den Weg von Kemnath am Buchberg zur Sebastianskapelle bei Mertenberg (oben). Nach dem Festgottesdienst, an dem auch alle Honoratioren teilnehmen (rechts), herrscht dort bei Blasmusik, Bier und Bratwürsten fröhliches Treiben.

Mit den hintereinandergestaffelten dicht bewaldeten Höhen des Naabgebirges erinnert die Landschaft hier im äußersten Nordosten des Amberg-Sulzbacher Landes schon an den Oberpfälzer Wald (das Bild links entstand zur Zeit der Getreideernte in der Nähe von Mertenberg).

Schon der Name des im 16. Jahrhundert erbauten Hammer-
schlößchens Heringnohe (oben) erinnert an die Lage in
einem noch heute wasserreichen und sumpfigen Gebiet
(noe = Sumpf).

Aus dem Ackerbürgerstädtchen Hirschau hat das Kaolin, das
„weiße Gold der Oberpfalz", eine rührige Kleinstadt gemacht,
die sich mit langgestrecktem Marktplatz und freistehendem
Rathaus, mit Kirche und ehemaligem Pflegschloß trotz allem
ein recht typisches Oberpfälzer Stadtbild bewahrt (links).
Immer wieder begegnet man dem Hirschauer Wappentier
(rechts) und mancher erinnert sich mit Schmunzeln an die
zahlreichen „Hirschauer Stückl", die man einst landauf, landab
erzählte: wie die Hirschauer ihr Rathaus verschoben, wie sie
Salz säten, einen Balken in die Stadt trugen oder ihren Stier
aufs Kirchdach brachten.

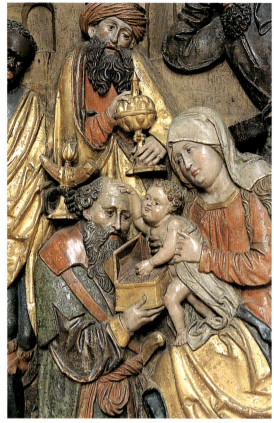

Prozessionen, wie sie seit 1824 alljährlich zum Vilsecker Kreuzberg hinaufziehen (links), kann man in den katholischen Gebieten des Amberg-Sulzbacher Landes immer wieder begegnen. Auch Bildstöcke (rechts: bei der Finkenmühl) finden sich nicht allein in der Umgebung von Vilseck. Kaum irgendwo aber ist der künstlerische Einfluß Frankens so deutlich wie in dieser Stadt, deren Bewohner bei den Oberpfälzern so lange „die Bamberger" hießen.

Eine Kirche besaß Vilseck schon in romanischer Zeit. Selbst aus der Zeit der Gotik aber haben sich nach der Bautätigkeit des Barock nur der langgestreckte Chor und sechs Relieftafeln aus dem ehemaligen Flügelaltar erhalten. Ein unbekannter, aber sicher aus Franken stammender Meister, der Dürers Holzschnittblätter kannte, schildert auf ihnen voll volkstümlicher Wärme Szenen aus dem Leben Mariens, darunter die Geburt Christi und die Anbetung der Könige (oben: Detail).

Es war der Bamberger Bischof Werntho Schenck von Rieneck, der den Vilseckern im Jahr 1331 die Stadtrechte verlieh. Wenig später begann man mit dem Bau der noch heute in Teilen erhaltenen Befestigung, die mit der bischöflichen Burg in Verbindung stand. Mit 13 Türmen und vier Toren umzogen die Mauern das unregelmäßige Fünfeck der Stadt in einer Länge von 950 Metern. Besonders schön ist das jüngst renovierte Obertor, der sogenannte Voglturm (links) mit dem Wappenstein des Bamberger Fürstbischofs Lothar Franz von Schönborn von 1727.

In Vilseck kann man so liebenswürdige Details wie die Figur des hl.Nepomuk von 1720 (oben links) entdecken, aber auch manche architektonische Kostbarkeit, wie das einst dem Burghüter dienende Schlößchen Axtheid und den prächtigen Erker (oben rechts) am 1598 von Benedikt Rosner erbauten sogenannten Wünningerhaus. Er wird oft als Lola-Montez-Erker bezeichnet, obwohl keineswegs sicher ist, daß sich die schöne Tänzerin und Geliebte König Ludwigs I. nach ihrer Flucht aus München tatsächlich zeitweilig im Elternhaus ihres jugendlichen Verehrers Elias Peissner in Vilseck aufhielt.

Eine prächtige Allee alter Eichen und Ahornbäume führt bei Gebenbach hinauf zum Mausberg mit seiner Wallfahrtskirche. Ursprünglich befand sich dort nur ein „kleines Frauenbiltlein in steinfelsen". Doch dann überlebte der Gebenbacher Pfarrer dort im Jahr 1700 auf wundersame Weise den Sturz seines Pferdes und errichtete aus Dankbarkeit eine bescheidene Kapelle. Zahlreiche Gebetserhörungen ließen den Besucherstrom rasch so ansteigen, daß man schon rund 50 Jahre später die heutige Kirche mit dem Gnadenbild im reich geschnitzten Rahmen des Hochaltars weihen konnte.
Besonders lebhaft ist es rings um die im vorigen Jahrhundert erneuerte Kirche alljährlich um Mariä Geburt, den 8. September, zur Zeit der Mausberg-Festwoche.

Vom Mausberg führt eine abwechslungsreiche Wanderung nach Höhengau. Man kann einen Abstecher nach Mausdorf machen, wo noch ein Getreidespeicher aus dem 17. Jahrhundert steht: möglicherweise der einzige aus Bruchstein errichtete, leider recht vernachlässigte bäuerliche Kastenbau der ganzen Oberpfalz. Man quert den Kehlgraben und kommt an der Kehlkapelle (rechte Seite unten) vorbei, einem pyramidenförmigen Felsblock, der Mitte des 18. Jahrhunderts in eine Kapelle verwandelt wurde und zeitweilig zahlreiche Beter anzog. Noch nach 1945 hingen Votivbilder und Krücken in dem kleinen, in den Fels gehöhlten Raum. Wenig später ist man in Höhengau, wo zahlreiche Hügelgräber beweisen, daß die Gegend schon in der Bronzezeit verhältnismäßig dicht besiedelt war.

Besonders schön ist die Wanderung im zeitigen Frühling, wenn hier unterhalb der Rätolias-Steilhänge überall kleine Quellen austreten und sich in den charakteristischen Eichen-Hainbuchen-Wäldern eine Fülle von Blüten öffnen, darunter Buschwindröschen und Scharbockskraut, Lungenkraut und Waldschlüsselblume, der seltene Aronstab und der an feuchten Stellen ganze Teppiche bildende Lerchensporn (rechts).

Schaut man von Höhengau hinunter ins Tal des Gebenbachs, so überblickt man bis hin zur Kirche von Weißenberg — rechts im Hintergrund — nahezu den ganzen sogenannten Hahnbacher Sattel. Typisch ist die Landschaft mit ihren Feldern und Wiesen, den Wäldern und dahinter ansteigenden Höhen.

Nicht zu sehen ist der noch weiter rechts gelegene Kreuzberg, wo mitten im Wald der größte und bekannteste erratische Block des ganzen Amberg-Sulzbacher Landes liegt: der „Teufelsstein". Der Sage nach war er selbst dem Teufel schließlich zu schwer, als er mit ihm den Turm der Vilsecker Kirche zertrümmern wollte.

Verdeckt durch den flachen bewaldeten Höhenzug zwischen Godlricht und Kötzersricht ist auch das Tal der Vils und die kaum weniger typische Weiherplatte westlich von Hahnbach und Süß. Der Arbeit eines Bauern aber verdankt das Bild eine Graphik, die an die Land-art moderner Künstler erinnert.

Im Nordosten des Amberg-Sulzbacher Landes ist die Karpfen-zucht ein wichtiger Wirtschaftszweig. Drei Sommer lang dürfen sich die Karpfen frei in ihren Teichen tummeln, drei Sommer lang werden sie gehegt und gepflegt und zusätzlich zu ihrer natürlichen Nahrung wohl überlegt gefüttert.

Wie südlich des Johannisbergs und bei Hirschau reiht sich westlich von Süß Fischweiher an Fischweiher (rechts: bei Wüstenau). Wenn Ende Oktober die sonnigen Tage selten werden, beginnen die Teichwirte auch hier mit dem Abfischen (oben) der „Dreisömmerigen", die das Idealgewicht von 2 1/2 bis 3 Pfund haben. Besonders liebevoll geht man mit den älteren Laichkarpfen (links) um, die bis zu 25 Pfund schwer werden können.

An den Termin der Allerweltskirchweih hält sich im Amberg-Sulzbacher Land kaum jemand: Jeder Ort feiert hier seine eigene Kirchweih und auch die Kirchweihbräuche sind regional vielfach abgewandelt. Überall aber stellen die Kirwaboum einen möglichst hohen Kirwabam auf und immer wird dieser in der Regel prächtig geschmückte Baum von den Kirwapaaren ausgetanzt. Am Querholz hängen allerdings höchst selten wie in Hahnbach (oben) zwei Pakete, sondern meist ein Schultertuch für das Moil und ein Krug oder ein geschmückter Hut für den Boum des Oberkirwapaars.

Das Luftbild rechts zeigt wie harmonisch Hahnbach noch immer in der Talaue der Vils liegt. Ursprünglich war der ganze Ort von einem Graben umgeben, den das Wasser der Vils speiste. Die Häuser bildeten hinter diesem Graben eine Art Bering, durfte sich „Hannbach" als Markt doch nicht richtig befestigen. Wo die Straßen von Amberg und Nürnberg-Prag einmündeten aber gab es drei Tore, von denen nur das Amberger Tor aus dem 16. Jahrhundert erhalten ist.

Der größte Sohn Hahnbachs ist Andreas Raselius Ambergensis (1563-1602), der zeitweilig als Kantor in Regensburg und als Hofkapellmeister in Heidelberg tätig war. Ihm wird die Motette zugeschrieben, die auf der Platte der Amberger Liedertafel eingeätzt ist und als eine Glanzleistung der evangelischen Kirchenmusik des 16. Jahrhunderts gilt.

Oberhalb der kleinen, am Hang gelegenen Kirche von Weißenberg (oben) öffnet sich bei klarem Wetter ein ebenso umfassender und beeindruckender Blick über den Hahnbacher Sattel wie von Höhengau oder vom Kreuzberg. Einen Besuch verdient die stimmungsvolle Kirche St.Vitus allerdings auch bei diesigem Wetter: Der Bau aus dem 17. Jahrhundert mit den umlaufenden Emporen und dem kleinen Flügelaltar — seine Tafelbilder zeigen Christus im Gespräch mit Nikodemus, begleitet von den Heiligen Vitus und Nikolaus — ist nicht umsonst bei Hochzeitern so beliebt.

Wesentlich älter als St.Vitus in Weißenberg ist die nördlich von Edelsfeld gelegene Niederarndter Kirche (rechts). Der am steil abbrechenden Talrand des Sigrasbaches gelegene Bau, der ursprünglich vielleicht zu einer Burg gehörte, zählt mit seinem schlichten rechteckigen Langhaus und der halbrunden, gewölbten Apsis zu den wenigen verhältnismäßig gut erhaltenen Bauten der Romanik im Amberg-Sulzbacher Land.

Um Auerbach, Königstein und Neukirchen: der Nordwesten

„ ...In diesem Palast fanden sie Bilderwerk, rauschende und fließende Wasser, quellende Brunnen, doch alles finster und lichtlos, ... sie (haben) gesehen sehr ungeheure Riesengebeine, viele tote verweste Körper unsäglicher Größe,... viel Irrgäng und Schlupflöcher, da sie ... einer nach dem andern, wie die Schlangen durch Löcher kriechen müssen..." heißt es in dem ausführlichen Bericht des Pertholt Puchner aus dem Jahr 1535, in dem noch etwas nachzittert von den Ängsten der 25 Amberger Bürger, die damals in die Höhle von „Predewind" (Breitenwinn) einstiegen. Es ist die älteste Schilderung einer systematischen Höhlenbegehung, die uns die Geschichte der Höhlenforschung in der ganzen nördlichen Alb überliefert. Zwar hatte Kurfürst Friedrich IV. in der Hoffnung damit Gold herstellen zu können, 1596/97 aus dem Windloch bei Krottensee, der jetzigen Maximiliansgrotte, Höhlenlehm und Tropfsteine holen lassen, doch es vergingen fast 100 Jahre bis sich wieder jemand allein aus Wissensdurst in eine Höhle wagte: diesmal der Pfarrer von Neukirchen, der 1618 die Appelhöhle bei Steinbach erforschte.

Weit auffallender als im südlichen Teil der Oberpfälzer Alb, wo die Breitenwinner Höhle nun im Truppenübungsplatz Hohenfels liegt, ist die Verkarstung weiter im Norden, im Gebiet zwischen Neukirchen und Auerbach. Von den rund 380 derzeit bekannten Höhlen der gesamten Oberpfalz liegen immerhin fast 240 in diesem Bereich. Zu den größten gehören die Appelhöhle und das Höhlensystem im Schelmbachstein westlich von Königstein. Die großartigsten sind die Osterhöhle bei Trondorf/Neukirchen und die Maximiliansgrotte bei Krottensee, beide bequem zugänglich und ausgezeichnet durch ihren Reichtum an phantastischen Tropfsteinbildungen.

Doch nicht nur unterirdisch hat der verkarstete Nordwesten Ungewöhnliches zu bieten. Überall trifft der Wanderer hier auf Dolinen, Bachschwinden (Ponore) und Hungerbrunnen (Tummler), auf zerfressene, seltsam geformte Felstürme, auf zackige Grate und senkrecht aufsteigende zerklüftete Felsmauern, die auch dem Kletterer einiges zu bieten haben; überall öffnen sich Felstore und mehr oder weniger große hallenartige Höhlenräume: Das Amberg-Sulz-bacher Land ist hier im Nordwesten geradezu ein naturkundliches Freilichtmuseum. Dabei ist die Landschaft schon an sich ungewöhnlich abwechslungsreich: Felder und umbuschte Bachläufe prägen den Norden um Ranzenthal und Weidlwang; schmale Wiesentäler und waldige Kuppen, die im Ossinger immerhin 650 Meter Höhe erreichen, formen den Süden um Königstein, Hirschbach und Neukirchen. Dazwischen liegt mit Herzogs- und Bürgerwald, Wellucker Wald und Sackdillinger Forst eines der geschlossensten und botanisch interessantesten, dabei wildreichsten Waldgebiete des ganzen Amberg-Sulzbacher Landes. Sogar Rotwild und Uhus gibt es dort und so typische Gebirgspflanzen wie die Schwarze Heckenkirsche und die Alpenjohannisbeere.

Kaum weniger bemerkenswert ist die Vielzahl von Burgställen, Burgruinen und kleinen Schlössern, die sich hier finden. Auf dem Hartenfels, dem Schergenbuck und dem Rupprechtstein, dem Schwarzen Brand und dem Breitenstein, in Königstein, in Holnstein, Kürmreuth und Steinamwasser: überall saßen hier schon im frühen Mittelalter adelige Herren, oft Dienstmannen der Grafen von Sulzbach oder des Bamberger Bischofs. Kein Wunder, gehörte der weitaus größte Teil des ganzen Gebiets doch zu jenem 889 erstmals genannten Königshof Felda (Velden), den Kaiser Heinrich II. im Jahr 1009 einschließlich der Orte Runbach (Reinbach) und Keminata (Kemnath) samt allen Weilern, Kirchen, Knechten und Mägden seinem neugegründeten Bistum Bamberg übereignete und als dessen Vögte bald die Grafen von Sulzbach auftauchten.

Rund hundert Jahre später gründete Bischof Otto der Heilige von Bamberg zur wirtschaftlichen Erschließung dieser Besitzungen und zur geistlichen wie geistigen Förderung seiner Bewohner das Rodungskloster Michelfeld. Benediktiner des Bamberger Reformklosters St.Michael zogen ein. Sie führten ihr neues Kloster bald zu hoher Blüte und wurden, da Abt Adalbert um das Jahr 1140 bat, den Michelfelder Markt in das zum Klosterbesitz gehörende Dorf „Urbach" verlegen zu dürfen, zu Gründern der rasch wachsenden Stadt Auerbach. Schon im frühen 14. Jahrhundert gab es dort 84 Häuser und alle wichtigen Handwerke; um das Jahr 1400 sogar einen Goldschmied und eine Badstube. Es war die Zeit, als Auerbacher Bürger rings um die Stadt schon mindestens acht Eisenhämmer betrieben, als man am Fuß des Gottvaterbergs längst Eisenerz abbaute und Auerbach die Rolle Sulzbachs als Verwaltungssitz „Neuböhmens" übernommen hatte. König Wenzel ließ damals sogar Münzen in der Stadt prägen: die Auerbacher Pfennige. Auch heute ist Auerbach der weitaus wichtigste Ort im Nordwesten des Amberg-Sulzbacher Landes.

Mit ihren phantastischen Tropfsteinen gehört die „Schatzkammer" zu den märchenhaftesten Räumen der Maximiliansgrotte bei Krottensee, einer der großen Schauhöhlen Deutschlands.

Michelfeld ist eine der beiden großen barocken Klosteranlagen
des Amberg-Sulzbacher Landes. 1119 gegründet, mußte die
romanische Anlage nach den Zerstörungen durch die Hussiten
im 15. Jahrhundert großenteils erneuert werden. Damals
entstand auch die nur in Teilen erhaltene, doch immer noch
mächtige und im Luftbild besonders eindrucksvolle Befestigung,
die ursprünglich durch das ringsum geführte Wasser des Flem-
und des Speckbachs verstärkt wurde.
Als die Benediktiner im 17. Jahrhundert in das unter Kurfürst
Ottheinrich aufgehobene Kloster zurückkehren konnten, brach
eine Zeit neuer Blüte an: Michelfeld wurde 1695 zur Abtei
erhoben, wenig später begann man mit dem Neubau von Kloster
und Kirche. Die Pläne lieferte Wolfgang Dientzenhofer; verant-
wortlich war Christoph Grantauer, des „Closters Unterthan
und Maurermaister alhie".

Im Inneren, wo sich die Brüder Asam — Egid Quirin als
Stukkateur und Cosmas Damian als Maler — den spröden
architektonischen Gegebenheiten anpassen mußten, wird selbst
bei diesem Frühwerk etwas spürbar von jenem Erfindungs-
reichtum und Können, die ihre späteren Schöpfungen zu
fulminanten Höhepunkten des bayerischen Barock machen.

Seitlich des Kirchenportals der Michelfelder Klosterkirche
erinnern die Figuren Kaiser Heinrichs II. (rechts) und der
Kaiserin Kunigunde an den Gründer des Bamberger Bistums
und seine Gemahlin.

Das Abschlußgitter der Michelfelder Klosterkirche (unten:
Detail) gehört zu den bedeutendsten Leistungen barocker
Schmiedekunst im Amberg-Sulzbacher Land. Möglicherweise
wurde es wie das prachtvolle, 1699 entstandene Gitter der
Amberger Schulkirche von dem Breisacher Johann Franz
Eberhard gefertigt. Jedenfalls zeigt es ähnliche Formen und
Techniken, vor allem aber die gleichen nahezu vollplastischen,
in das Gerank des Gitters eingebundenen Figürchen.

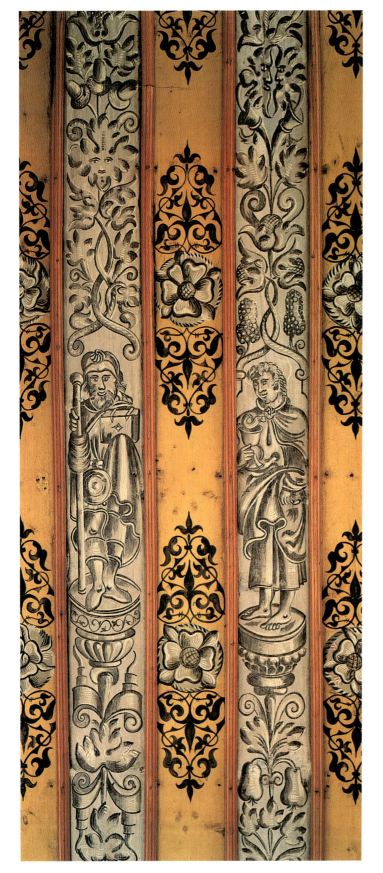

In Auerbach haben verheerende Brände, darunter das „jammervolle Johannisfeuer" des Jahres 1838 und der große Stadtbrand von 1868, vom ursprünglichen Baubestand wenig zurückgelassen. Wie eh und je beherrschen jedoch Kirche und Rathaus, geschmückt mit den Wappensteinen der Stadt von 1524 (oben), den langgestreckten Straßenmarkt (rechts).

In der Friedhofkapelle St.Helena zeigt die 1611 entstandene Holzdecke mit ihren Grisaille-Malereien zwischen Ranken und Blüten neben den 12 Aposteln (links: Jakobus und Johannes) auch die Wappen der damals einflußreichsten Bürger der Stadt.

Der kleine Weiher (links) zwischen dem Ort Ranna und der Kapelle St. Magdalena (oben) war ursprünglich wohl einer jener Hammerweiher, die vom 13./14. Jahrhundert an von den Hammermeistern überall angelegt wurden. Mit ihrer Hilfe wollte man die jahreszeitlichen Schwankungen der Flußwasserstände ausgleichen, um so die für die Oberpfalz typischen kleinen Schmelzen, die ihr Eisen auch weiterverarbeiteten, möglichst ganzjährig betreiben zu können.

Schon um 1275 ist von „Feuern" in der Gegend von Auerbach die Rede. Zwei Jahrhunderte später waren 13 Eisenhämmer in Betrieb, darunter auch der 1391 gegründete Hammer Ranna an der Pegnitz, dem Pfalzgraf Johann zusammen mit dem etwas flußaufwärts gelegenen Hammer Rauhenstein im Jahr 1427 die Hammerfreiheit gewährte. Beide Hämmer gehörten Auerbacher Bürgern, der Blech-Hammer Rauhenstein einem Heinrich Stromer, der ihn 1411 gegründet hatte. Der ruhmreichste Sproß dieser Familie war jener Dr. Heinrich Stromer (1476-1542), der

sich nach seiner Vaterstadt gern „von Auerbach" nannte. Er war Professor der Medizin und Rektor der Universität Leipzig, Leibarzt verschiedener Fürsten und Besitzer von „Auerbachs Keller", der durch Goethes „Faust" in die Weltliteratur einging.

Die heutige Kapelle St. Magdalena wurde erst 1742/43 als Ersatz für einen älteren Bau errichtet, der näher beim heute verschwundenen Hammer Ranna lag.

Königstein (links) ist einer der beliebtesten Fremdenverkehrs-
orte im Nordwesten des Amberg-Sulzbacher Landes. Der Markt
wurde von den Herren von Breitenstein gegründet, die 1258
den Besitz der Königsteiner übernahmen. Diese waren Ministerialen der Grafen von Sulzbach, später unter den Hohenstaufen
sogar recht einflußreiche Reichsministerialen. Ulrich von
Königstein war damals Truchseß König Philipps von Schwaben;
er oder sein Sohn stiftete um 1240 auf eigenem Grund das
Nonnenkloster „vallis angelorum": Engelthal.
Die Burg der Königsteiner, noch im 16. Jahrhundert eine mächtige, wehrhafte Anlage, wurde von den Herzögen von Sulzbach
im 18. Jahrhundert zum Teil auf Abbruch verkauft. Außer den
beiden Felsen, auf denen noch Mauerreste zu sehen sind, blieb
nicht viel mehr zurück als der gewölbte Torweg und ein recht
unscheinbarer Wohnbau.

Schön ist die Landschaft um Königstein. Dicht bewaldet sind
ringsum die Höhen, die nahezu 600 Meter erreichen oder wie
Steinberg, Ossinger und Zantberg noch um einiges höher sind.
Dazwischen liegen Wiesen und kleine Felder, finden sich wie
unterhalb von Breitenstein (oben) noch jene Heckenzeilen aus
Haselnuß und Holunder, Hartriegel, Pfaffenhütchen und Hek-
kenrose, die das überschäumende Weiß der blühenden Schlehen
und wilden Kirschen im zeitigen April völlig verwandelt.

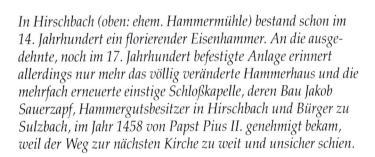

In Hirschbach (oben: ehem. Hammermühle) bestand schon im
14. Jahrhundert ein florierender Eisenhammer. An die ausgedehnte, noch im 17. Jahrhundert befestigte Anlage erinnert
allerdings nur mehr das völlig veränderte Hammerhaus und die
mehrfach erneuerte einstige Schloßkapelle, deren Bau Jakob
Sauerzapf, Hammergutsbesitzer in Hirschbach und Bürger zu
Sulzbach, im Jahr 1458 von Papst Pius II. genehmigt bekam,
weil der Weg zur nächsten Kirche zu weit und unsicher schien.

Auch von Burg Breitenstein (rechts) blieb nicht viel mehr als die
zweigeschossige romanische Doppelkapelle mit ihrem sorgfältig
gefügten Quaderwerk, die Herzogin Eleonore von Sulzbach
1713 wiederherstellen ließ. Breitenstein war ursprünglich unab-
hängiges Reichslehen, die Breitensteiner ein Geschlecht, das
unter Herzog Georg dem Reichen von Bayern-Landshut sogar
den Hofmarschall stellte. Die zunehmende Verschuldung
der Familie aber ließ im 17. Jahrhundert nach und nach den
gesamten Besitz an das Herzogtum Sulzbach fallen.

Auch in Kirchenreinbach gehört die Kirchweih zu den großen Festen des Jahres (oben). Wenn sich am Kirchweihsonntag die Kirwaboum mit den Musikanten und dem Schlachtruf „Wer haout Kirwa? Mir hom Kirwa! Wer haout Kiachla? Mir hom Kiachla! Wer haout Durscht? Mir hom Durscht!" aufmachen, um ihre Moila zum Austanzen des Kirwabams abzuholen, geht wie bei der Sulzbacher Woizkirwa und den Kirchweihen vieler anderer Orte im Westen des Amberg-Sulzbacher Landes an der Spitze des Zugs der Bätz, ein besonders schöner, fein gewaschener Hammel.

Größer und weit aufwendiger als das in seiner baulichen Zurückhaltung so typische Hofmarkschloß in Kirchenreinbach ist der Schloßbau im nahen Holnstein (rechts). Mit dem eigentlichen Schloßbau, mit Treppenturm und einstigem Bergfried gruppiert sich die im Kern frühgotische Anlage auf dem flachen Felsplateau über dem Tal des Reinbach um einen beachtlich großen Innenhof. Geschnitzte und farbig gefaßte Totenschilde erinnern in der barock ausgestatteten, recht stimmungsvollen kleinen Kapelle an das Geschlecht der Paumgartner, denen das Gut von 1586 bis 1726 gehörte.

Schloß Neidstein (oben) ist das am längsten im Besitz der gleichen Familie befindliche Schloß des Amberg-Sulzbacher Landes. Seit Herzog Ludwig der Reiche von Bayern-Landshut im Jahr 1466 die wohl schon im 12. Jahrhundert erbaute Burg der Nitsteiner an den aus Egerländer Uradel stammenden Hans Prantner verpfändete, also mehr als 500 Jahre, sitzen die Freiherrn von Brandt auf Neidstein. Sie errichteten zu Anfang des 16. Jahrhunderts den bestehenden langgestreckten Bau des Neuen Schlosses mit Staffelgiebeln, Rundturm und Torbau. Mehrfach erneuert, ist es inmitten der schönen Laubwälder des seit 1973 unter Naturschutz stehenden Schergenbuck bis heute ein wohlerhaltener Landsitz.

Wer in der Umgebung Neukirchens wandert, wird noch häufiger als anderswo Höhlen entdecken. Findet sich doch in nächster Nähe außer der Osterhöhle — einer der beiden großen Schauhöhlen des Amberg-Sulzbacher Landes — auch eine Vielzahl kleinerer Höhlen wie Bären-, Fuchs-, Wind- und Klingloch, wie Bettelmannsküche und Bauernhöhle, wie Franzosen-, Pumper-, und Vogelloch, wie die Geiskirche (rechts). Zahlreiche Sagen ranken sich um diese von einem Felspfeiler unterteilte Hallenhöhle am Hang des Lenzenberges, wo in der Walpurgisnacht die Hexen wilde Feste feiern sollen und in den Jahren um 1925 zeitweilig die „Felsenbärbl", das „Talweibel" Babette Hauser Zuflucht fand.

Bauernhäuser wie diese beiden in Penzenhof (links) und Ermhof (oben) sind selten geworden. Dabei beweist manch liebevoll erneuerter Bau, daß man in derartigen Häusern durchaus zeitgemäß wohnen kann.

Früher beherbergten die Oberpfälzer Bauernhäuser unter ihrem hohen Dach Mensch und Vieh, häufig auch Ernte und Vorräte. Die Stube mit dem sommers wie winters geheizten Kachelofen war der wichtigste Raum. Oft spielte sich dort das ganze Leben der Familie einschließlich Geburt und Tod ab und manchmal wurden in der Wärme des Ofens Küken und Ferkel großgezogen.

Recht selten sieht man auch noch eine wachsame Bruthenne mit ihren Küken, ist es doch längst üblich, die Junghennen bei einem Händler zu besorgen.

Amberg und Sulzbach-Rosenberg: die Mitte

Die Städte Amberg und Sulzbach-Rosenberg sind nicht einmal 15 Kilometer voneinander entfernt. Aber schon im angestammten Dialekt — goud, Khin, Ufa sagen die Sulzbacher für gut, Kette und Ofen, die Amberger aber guat, Khen, Ofa — wird deutlich, daß beide Städte bei allen Gemeinsamkeiten ihre eigene Entwicklung, ihre eigene Geschichte haben. Dabei verdanken weder Amberg noch Sulzbach ihr Entstehen dem Bergbau oder der Eisenerzeugung, obwohl beide nicht zu unrecht gern als „Eisenstädte" bezeichnet werden. Amberg dürfte schon in karolingischer Zeit als Kaufmannsniederlassung am Ufer der Vils entstanden sein. Von Bergbau und Erzverarbeitung ist jedenfalls noch in der Urkunde des Jahres 1034 — der ersten, die Amberg nennt — keine Rede, wohl aber von Markt, Schiffahrt und Zoll. Sulzbach entwickelte sich im Schutz der Burg, die zu Beginn des 11. Jahrhunderts von den später so mächtigen Grafen von Sulzbach auf einem Felssporn rund 30 Meter über dem Tal des Rosenbachs errichtet wurde.

Der einzigartige, wirtschaftlich und politisch parallel verlaufende Aufstieg beider Städte begann im 13./14. Jahrhundert. Amberg, seit 1269 bayrisch, war durch den Hausvertrag von Pavia im Jahr 1329 zur zweiten Residenz der Kurpfalz neben Heidelberg geworden, zum Verwaltungszentrum der „Pfalz in Bayern". Einfluß und Wohlstand aber brachten weit mehr als der Regierungssitz, der bis 1810 hier verblieb, die ergiebigen Eisenerzgruben und der Eisenhandel in die Stadt, in der bald die bedeutendsten Oberpfälzer Berg- und Hammerherrngeschlechter ansässig waren. Für Sulzbach war die Vorliebe Kaiser Karls IV. von besonderer Bedeutung, der sich bei 24 Besuchen zum Teil recht lange in der Stadt aufhielt und Sulzbach zur Hauptstadt seiner groß gedachten politischen Schöpfung „Neuböhmen" machte. Obwohl mit dem Ende „dieses ersten modernen Staates im Raum des mittelalterlichen Reiches", wie „Neuböhmen" einmal genannt wurde, Sulzbach aus der überregionalen Geschichte ausschied, blieb es eine der wichtigsten Städte der heutigen Oberpfalz und war nach 1656 sogar Hauptstadt eines selbständigen Herzogtums. Dank der zahlreichen Privilegien, die ihm Karl IV. gewährt hatte, entwickelte sich Sulzbach zu einem Wirtschaftszentrum, das sich in stetem Wettstreit neben Amberg durchaus behaupten konnte und einen beträchtlichen Anteil hatte an der mittelalterlichen Blüte des oberpfälzischen Eisenreviers. Ambergern und Sulzbachern, die sich 1387 gemeinsam mit der Stadt Nürnberg und 68 Hüttenbesitzern im ersten Kartell der deutschen Wirtschaftsgeschichte zusammengeschlossen hatten, wuchs so in der Zeit bis zum Dreißigjährigen Krieg jener bürgerliche Stolz und jenes Selbstbewußtsein zu, mit dem sie ihre Kirchen errichteten, ihre Rathäuser, die Stadtmauern und noch das letzte Wohnhaus.

Wie sehr sich Amberg trotz aller Veränderungen der letzten Jahrzehnte das überkommene Bild der Altstadt bewahrt hat, verrät erst der Blick aus dem Flugzeug. Wie eh und je drängen sich die Häuser mit steilen roten Dächern um Martinskirche und Rathaus. Wie eh und je durchschneidet die Vils das mauerumhegte Oval. Der weitgehend erhaltene mittelalterliche Mauerring geht bis in die Zeit Kaiser Ludwigs des Bayern zurück, der den Ambergern zur Finanzierung des Baus eigens seinen Zoll auf dem Erzberg schenkte, hatte er sie doch „lieb vor andern unsern Leuten". Auch später immer wieder verstärkt, galt die Befestigung mit Mauer, Zwinger und Graben bis ins 18. Jahrhundert als uneinnehmbar. 97 Türme sollen diese Wehrmauer einst besetzt haben, die an der „Stadtbrille" mit zwei sich im Wasser spiegelnden Bogen in städtebaulich schönster Weise die Vils quert und deren Schmuck die Tore sind: Ziegeltor und Vilstor, Wingershofer Tor und Nabburger Tor, das mit seinen beiden kräftigen Rundtürmen am stärksten mittelalterlich geprägte. Etwas beruhigend Dauerhaftes, in den Grundfesten Unerschütterliches spricht aus den steinernen Türmen dieser Stadtbefestigung, zugleich etwas altbaierisch Behäbiges, das trotz der gotischen Grundhaltung der Stadt auch innerhalb der Mauern auffällt: bei St. Martin und St. Georg, der Alten Veste und dem Salzstadel, in so mancher in harmonischem Schwung geführten Gasse.

Auch in Sulzbach schenkte die wirtschaftliche Blüte des 15./16. Jahrhunderts der Stadt ihre schönsten Bauten: die gotische Pfarrkirche mit dem Standbild Kaiser Karls IV. hoch oben an einem Strebepfeiler des Chors, das Rathaus, das mit seiner eindrucksvollen Fassade zu den bedeutendsten der Oberpfalz zählt, aber auch ein so großartiges Wohnhaus wie das Weißbeckhaus. Anders als Amberg, das unter den Münchner Wittelsbachern an den Rand gedrängt wurde, erlebte Sulzbach unter Herzog Christian August, der Gelehrte wie Christian Knorr von Rosenroth an seinen Hof holte, im 17. Jahrhundert eine Periode ungewöhnlicher geistiger Aufgeschlossenheit und eine Weltoffenheit, die der Stadt noch einmal, wenn auch auf einem ganz anderen Gebiet, zu europäischer Bedeutung verhalf.

Der älteste Siedlungskern Ambergs lag wahrscheinlich am Ufer der Vils zwischen Schiffbrücke und Marktplatz, rings um die bis in karolingische Zeit zurückreichende Martinskirche.

74

Ambergs Altstadt ist geprägt von den Bauten seiner im Mittelalter so selbstbewußten Bürger, von den Kirchen, dem Rathaus
(oben links) und der Stadtmauer mit ihren vier Toren (oben
rechts: Nabburger Tor).

Nicht weniger eindrucksvoll sind die architektonischen Erinne-
rungen an die Zeit, als Amberg nach 1329 rund 300 Jahre lang
Regierungssitz war und die Kurprinzen als Statthalter der
„Oberen Pfalz" hier residierten. Damals entstand der schönste
Renaissancebau der Stadt: die Regierungskanzlei mit ihrem
Säulenportal und dem mit den Wappen des Pfalzgrafen
Friedrich II. und seiner Gemahlin Dorothea von Dänemark
geschmückten Erker. Damals entstand aber auch das ganze
Viertel beiderseits der Vils (links), das heute dem Landratsamt
Amberg-Sulzbach dient: der kräftige Turm des sogenannten
Fuchssteiner (im Bild: oben, rechts der Mitte), der Schochsche
Schloßbau mit Volutengiebeln und Treppenturm (im Bild: oben
links) und der von Johann Schoch erneuerte Bau des kurfürst-
lichen Zeughauses (Bildmitte) mit dem nun zum Rosengarten
umgestalteten Innenhof (rechts unten).

Ambergs Straßenbilder haben sich im Lauf der letzten Jahrzehnte vielfach gewandelt. Vor allem Bahnhof- und Georgenstraße entwickelten sich zu reinen Geschäftsstraßen. Geblieben aber ist ein ungewöhnlicher Reichtum an beachtenswerten Baudenkmälern und liebenswürdigen Details. Amberg ist ja nicht nur reich an offiziellen Bauten, wie den großen Kirchen, wie Rathaus, Schloß und Regierungskanzlei, wie Zeughaus, Salzstadel und ehemaliger Trinkstube. Die Stadt besitzt daneben eine Fülle von eindrucksvollen Privathäusern, von prächtigen Portalen und Erkern, interessanten Hauszeichen, Heiligenfiguren, Türklopfern ... Es lohnt sich, die Altstadt mit offenen Augen zu durchstreifen. Man wird weit mehr entdecken, als die Bilder dieser beiden Seiten zeigen können.

Das Bild oben zeigt das Haus Paradiesgasse 6, ein ehemaliges Metzgeranwesen von 1620.

Auf der linken Seite sind jeweils von links nach rechts abgebildet:
hl. Nepomuk vom Palais Morawitzky, 18. Jh.; Mittelrisalit des Hauses Herrnstraße 12 von 1747; Jonas und der Wal (1693) vom sog. Walfischhaus in der Löffelgasse; Erker vom Eckhaus Georgenstraße/Roßmarkt, 1772; Türknauf (18. Jh.) am Portal „Alte Veste"; Erker (1482) des ehem. Franziskanerklosters; die Portale der Schulkirche (1738), der „Alten Veste" (18. Jh.) und des ehem. Regierungsadvokatenhauses (Mitte 18. Jh.) Ecke Schrannenplatz/Weinstraße.

Amberg ist eine Stadt voll mittelalterlicher Geschichte und Architektur. Daß Amberg darüber hinaus eine ganz der Gegenwart zugetane Stadt ist, das wird nicht zuletzt im Süden der Altstadt deutlich, wo sich das Neue mit Kurfürstenbad, Congress Centrum und der Umgestaltung der Vilsauen im Zug der Landesgartenschau 1996 höchst eindrucksvoll präsentiert. Wie lebendig die Stadt und ihre Bewohner tatsächlich sind, das erfährt man am schönsten bei den unterschiedlichsten Veranstaltungen, auf den Märkten und bei den Festen: auf dem täglichen Obst- und Gemüsemarkt (links unten), dem Bauernmarkt am Freitag, dem Weihnachts- und Ostermarkt (links oben), dem Krüglmarkt im April (rechts unten); beim Altstadtfest und nicht zuletzt beim sommerlichen Bergfest (rechts), diesem Treffpunkt aller mit allen.

Noch immer wird das Stadtbild Sulzbachs von der weitläufigen Anlage des Schlosses (links) geprägt, das den ganzen Westen eines hier steil abfallenden Höhenrückens der Alb besetzt und nur von den Türmen der 1955/58 erbauten Christuskirche und der gotischen Pfarrkirche Mariae Himmelfahrt überragt wird.

Es war Herzog Christian August, der nach seinem Übertritt zum katholischen Glauben mit dem Bau einer der hl. Anna geweihten Kapelle auf dem jetzigen Annaberg (auf dem Bild links im Hintergrund) die mittelalterliche Wallfahrt wieder aufleben ließ. Heute findet der Abschlußgottesdienst des Annabergfestes im Freien statt; bringt man danach das Gnadenbild, eine Anna-Selbdritt-Gruppe des frühen 16. Jahrhunderts, feierlich zurück in die 1676 erbaute Kirche (oben).

Das Weißbeckhaus in der Rosenberger Straße in Sulzbach ist mit seinem steilen gotischen Treppengiebel, der spitzbogigen Eingangstür und dem Eckerker (oben) wohl das schönste unter den bis ins 16. Jahrhundert zurückreichenden Bürgerhäusern der Stadt. Weit bescheidener wirkt das einstige Gasthaus Zur Goldenen Krone (links: Ausleger) mit den Wappensteinen aus dem 14. Jahrhundert, in dessen Vorgängerbau Kaiser Karl IV. bei seinen Aufenthalten in Sulzbach wohnte.

Das Stiber-Fähnlein (rechts: Fahnenschwinger) erinnert mit seinem Namen an jenen sulzbachischen Landrichter und Pfleger Albrecht Stiber, der die Stadt im Landshuter Erbfolgekrieg so erfolgreich verteidigte. Obwohl diese „Stadtgarde" in ihren historischen Gewändern erst wenige Jahre besteht, ist sie mit ihren vielfältigen Aktivitäten aus dem Leben Sulzbach-Rosenbergs nicht mehr wegzudenken.

Der Bergbau auf Eisenerz, die Eisengewinnung und -verarbeitung waren bis in die jüngste Zeit für das Leben in Sulzbach-Rosenberg von prägender Bedeutung (rechts: Altstadt um Luitpoldplatz und Rosenberger Straße).

Wie eng die Beziehungen Sulzbach-Rosenbergs zum Eisen sind, wird nicht allein in der traditionellen Liebe der Sulzbacher und Rosenberger zu ihrer Bergknappenkapelle (oben) deutlich. Sie klingt auch im 1995 in Rosenberg aufgestellten Gemarkungsbrunnen von Peter Kuschl an, der einen Hochofenanstich als Symbol für die Gemarkung Rosenberg wählte (links).

Um Illschwang und Kastl: der Südwesten

Früher als das übrige Amberg-Sulzbacher Land tritt der Südwesten ins Licht der Geschichte. Ammerthal, vielleicht schon vor 800 gegründet, war um das Jahr 1000 neben Cham die zweite große königliche Burg des Nordgaus. Auch in Kastl scheint es schon in karolingischer Zeit eine Burg gegeben zu haben, die in der Nähe des wichtigen fränkischen Königshofes Lauterhofen das obere Lauterachtal sicherte. Pfaffenhofen aber dürfte eine königliche Eigenkirche gewesen sein: der Name des Kirchenpatrons St. Martin verweist jedenfalls wie in Amberg auf eine karolingische Gründung. Selbst Fürnried, Högen und Wurmrausch tauchen schon in einer Urkunde Kaiser Heinrichs III. im Jahr 1043 auf.

Als die Stifter des Klosters Kastl — die Bestätigungsurkunde des Papstes Paschalis II. nennt im Jahr 1103 die Grafen Berengar von Sulzbach, Friedrich von Kastl-Habsberg und dessen Sohn Otto, sowie Luitgard, die Gemahlin Diepolds von Vohburg — die Burg hoch über dem Lauterachtal den Benediktinern übereigneten und das neugegründete Kloster mit Landbesitz ringsum wohl dotierten, geschah dies in einem längst besiedelten Gebiet, in dem vielfache Interessen, Herrschafts- und Besitzansprüche miteinander in Wettstreit lagen. Als Kolonisationskloster war Kastl jedenfalls nicht gedacht. Seine Bedeutung lag auf einem ganz anderen Gebiet: Markgräfin Luitgard — möglicherweise die Seele der Kastler Klostergründung — war eine Schwester des Konstanzer Bischofs Gebhard, einem der eifrigsten Verfechter cluniazensischer Ideen rechts des Rheins. Er schickte Mönche aus dem Reformkloster Petershausen bei Konstanz, die Kastl im 12. Jahrhundert zu einem Mittelpunkt der benediktinischen Erneuerung machten. Seine größte Blüte erlebte das Kloster allerdings erst im 14./15. Jahrhundert, als Johannes von Kastl seine ganz aus dem Geist der Mystik lebenden Werke schrieb und unter Abt Otto Nortweiner noch einmal eine an Cluny anschließende, als Kastler Reform bekannt gewordene Erneuerungsbewegung das ganze benediktinische Bayern erfaßte.

Schön liegen die Orte hier im Südwesten des Amberg-Sulzbacher Landes: auf einem Felssporn wie Ammerthal; hineingeschmiegt in waldumstandene Mulden wie Illschwang und Fürnried; frei auf einer Hochfläche wie Dettnach, Schwend oder Betzenberg; zu Füßen einer Burg

Kastl war das erste jener Nordgau-Klöster,
die in der 1. Hälfte des 12. Jahrhunderts in einem wahren
Wettstreit des hohen Adels gegründet wurden.

wie Lichtenegg, Poppberg und Pfaffenhofen, wie eigentlich auch Kastl mit seinem schönen Marktplatz und dem Heimatmuseum im ehemaligen Auer-Haus. Härter als anderswo aber war durch die Jahrhunderte das Bauerndasein auf der Jurahochfläche. Später als unten im Tal kommt hier der Frühling, früher der Herbst. Dazu ist das Land durch die Verkarstung wasserarm. Bis zum Bau der Wasserleitungen in der Zeit nach dem Zweiten Weltkrieg war die Wassernot eines der großen Probleme der Albbauern. Sie waren auf Zisternen angewiesen und auf das nicht gerade klare Wasser einer „Hüll", jener mehr oder weniger großen, im Bereich des Hofraums oder auf dem Dorfplatz gelegenen Tümpel, die vor allem als Viehtränke dienten. In Dürrejahren, die wie zuletzt die Jahre 1911, 1921, 1934, 1947 in die Chroniken der Gemeinden und Pfarrämter eingingen und die noch lange im Gedächtnis jedes Einzelnen haften blieben, mußte man mit Kuh- und Ochsengespannen — wer hatte schon Pferde — auf stundenlangen mühsamen Fahrten kilometerweit ins Tal, um wenigstens das nötigste Wasser für Mensch und Vieh zu holen. Schaut man dazu die Äcker an, die überall dort, wo die Kreideüberdeckung mit ihren Sanden und Tonen fehlt, übersät sind mit hellen Kalksteinen, so begreift man, daß die Geschichte vom Ursprung des Namens „Pfalz" hier so besonders gern erzählt wurde: Niemand wollte nach der Erschaffung der Welt vom Herrgott diese steinige Gegend bekommen, nicht einmal der Teufel, der sagte „Pfalt's!"

Doch das Land ist schön. Weithin ist es noch heute von einer großen Stille und Unberührtheit. Den Kuppen und Höhenrücken, den Mulden und Tälern, die gerade im Birgland südlich von Sulzbach-Rosenberg ein äußerst abwechslungsreiches Landschaftsbild formen, fehlt jede Schroffheit. Selbst die verkarstete Dolomitkuppe des Poppbergs, der mit seinen 657 Metern der höchste Berg der ganzen Oberpfälzer Alb ist und schon im 13. Jahrhundert eine wahrscheinlich den Grafen von Sulzbach gehörende Burg trug, wirkt eher sanft. Die wildzerklüfteten, zerfressenen Dolomittürme, die freistehend viele Jurahänge so auffallend machen, liegen hier im Wald, in jenen Föhren-, Fichten- und Buchenwaldungen, die ohne Ausnahme die Höhen decken und in denen sich im Frühling und Frühsommer der ganze Zauber einer kalkliebenden Pflanzenwelt entfaltet. Wo die Flurbereinigung nicht allzu hart eingegriffen hat, liegen selbst zwischen den Feldern, die steigend und fallend dem Gelände folgen, kleine Baumgruppen, finden sich noch die alten Heckenzeilen aus Holunder und Haselnuß, Schlehe, Hartriegel, Pfaffenhütchen und Heckenrose: Windschutz und Lebensraum einer vielfältigen Tierwelt, nicht zuletzt zahlreicher Singvögel.

Die Landschaft im Südwesten des Amberg-Sulzbacher Landes ist ausnehmend trocken. Doch auch hier ist der Frühling die große Zeit des Grünens und Blühens (oben: bei Fichtlhof, links: bei Lichtenegg). Besonders schön sind dann die wenigen wasserführenden Täler, das Ammer- und Högenbachtal, das Breitenbrunner Tal. Wie die meisten Wasserläufe des Jura verdankt auch der Breitenbrunner Bach (rechts) sein helles und klares Wasser mehreren durch Sande und Kalkschichten gefilterten Karstquellen: dem Rieglesbrunnen und den „Sieben Quellen", die unterhalb steil aufragender Schwamm- und Riffkalkfelsen entspringen. Nicht weniger charakteristisch sind die Schwarzerlen, die den Bach begleiten und die üppige Blüte der Sumpfdotterblumen.

Der Blick von Norden auf das winterliche Fürnried (oben) ist charakteristisch für den Südwesten des Amberg-Sulzbacher Landes. Dolomitkegel und -kuppen zergliedern hier im Birgland die wasserlose Hochfläche der Alb. Die Höhen, die wie der Bärnstein rechts im Hintergrund rund 600 Meter erreichen, sind fast immer dicht bewaldet und begeistern den Blumenfreund im Frühling und Frühsommer mit einer Fülle zum Teil recht seltener Pflanzen: Man entdeckt Seidelbast, Buschwindröschen und Leberblümchen, die bei Götzendorf und Illschwang stellenweise ganze Blütenteppiche bilden, aber auch Salomonssiegel, Maiglöckchen, Waldanemone, Akelei und Tollkirsche sowie eine Vielzahl von Orchideen, darunter Stendelwurz und Kuckucksblume, Fliegenragwurz, Mückenorchis, Weißes und Rotes Waldvögelein, Frauenschuh und Türkenbund.

Kaum weniger charakteristisch als die Landschaft ist im Birgland die Bauweise der Gehöfte. Häufiger als anderswo im Amberg-Sulzbacher Land trifft man wie in Wolfertsfeld und Hainfeld, in Fürnried, Högen oder Bachetsfeld (rechts) auf Fachwerkhäuser. Ursprünglich meist ochsenblutfarbig gestrichen, auf jeden Fall deutlich abgesetzt gegen das rein weiße Gefache, füllt das Balkenwerk in der Regel nur den hohen Giebel.

Bauernbrot, auf die alte Art im Holzofen gebacken (links),
gewinnt immer mehr Freunde. Man kann es auf den
allwöchentlichen Bauernmärkten kaufen oder wie in
Unterammerthal direkt beim Bauern (oben).

Besonders beliebt sind im Birgland die Backofenfeste, wie sie seit einigen Jahren in Betzenberg (rechts), in Högen (oben) oder Tannlohe stattfinden. Da sitzt man rings um den Backofen auf einfachen Holzbänken zusammen, freut sich an kühlem Bier und frisch gebackenem Bauernbrot, an hausgemachter Butter, an Käse und Schinken, an Schnittlauchbroten, vor allem aber am Zwiebelkuchen frisch aus dem Ofen.

Häufiger als noch vor ein paar Jahren sieht man wieder Vieh draußen auf den Weiden: „glückliche Kühe" mit ihren Kälbern, wie das Fleckvieh bei Nonnhof (oben). Vereinzelt hält man auch Schottische Hochlandrinder wie in Dollmannsberg oder Galloway- und Angusrinder wie in Frechetsfeld, die das ganze Jahr im Freien bleiben können.

Viele der für das Birgland so charakteristischen Bergkuppen sind von verkarsteten natürlichen Felsbastionen bekrönt, manche tragen Burgruinen wie Lichtenegg oder Poppberg, dessen einst vielgerühmte Aussicht bis zum Bayerischen Wald und ins Fichtelgebirge nun der Wald verdeckt. In Lichtenegg aber hat man noch immer einen umfassenden Rundblick, kann man (Bild rechts) hinausschauen bis ins Fränkische, zum Hohenstein und zum Fernsehturm bei Hormersdorf.
Nur zu ahnen ist allerdings das schmale, tief eingeschnittene, etwa in der Bildmitte verlaufende Tal des Högenbachs, der einst Mühlen antrieb und die Räder des schon im 14. Jahrhundert erwähnten Hammers Haunritz. Stark verändert ist das einstige Hammerhaus. Der architektonisch anspruchsvollere zweite Schloßbau des Tals, das Schlößchen in Högen aber bedürfte dringend einer Renovierung. Um 1668 gehörte es Christian Knorr von Rosenroth, der nach dem Studium orientalischer Sprachen, der Kabbala und der Alchemie in Sulzbach Geheimer Hofrat wurde und den Geist der barocken Hofhaltung Herzog Christian Augusts prägte wie kein anderer.

Auf der Alb (oben: bei Giggelsberg; rechts: in Wirsfeld), herrscht noch tiefer Winter, wenn sich die Amberger und Sulzbacher schon am Frühling freuen. Bis zu vier Wochen kann die Vegetationszeit verkürzt sein. Später als unten im Tal kommt hier der Frühling, früher der Herbst (links: bei Frechetsfeld) und es gibt Jahre, in denen es schon Mitte September in mancher Nacht friert.

Auch im Amberg-Sulzbacher Land benützen die Landwirte für
fast alle Arbeiten längst Maschinen. Wo noch Heu gemacht
wird, übernehmen Mähmaschine und Heuwender den größten
Teil der Arbeit. Das Nachrechnen aber bleibt wie auf dem bei
Gehrsricht entstandenen Bild wie eh und je den Frauen.

Von der durch Grabungen bestätigten frühmittelalterlichen
Burg ist in Oberammerthal (links) nichts mehr zu sehen.
Nur in der romanischen, gotisch erweiterten Liebfrauenkirche
im Vordergrund — interessant die in der Hohlkehle des Dach-
gesimses kriechenden Tiere (rechts) — verbirgt sich noch
Mauerwerk der einstigen Burgkapelle.

101

Götzendorf mit seiner im Kern bis ins 12./13. Jahrhundert
zurückreichenden Kirche St. Magdalena gehört wie das nahe
Illschwang zu den Orten im Südwesten des Amberg-Sulzbacher
Landes, in denen noch eine ganze Reihe wohlerhaltener Fachwerkhäuser des 18./19. Jahrhunderts zu finden sind. Typisch
sind die kräftigen K-Streben und die oft verdoppelten, weit
ausgreifenden Fußstreben, typisch die geraden oder höchstens
geschweiften Andreaskreuze unter den Fenstern. Typisch ist
auch, daß das Holz vor allem statisch, ökonomisch eingesetzt
ist, was dem Wesen des Jurabauern entspricht, sich aber auch
aus der ausschließlichen Verwendung von Nadelholz ergibt.

Bis in die Zeit der Romanik reicht der Turm der hochgelegenen
und von einem befestigten Friedhof umgebenen Pfarrkirche
St. Veit in Illschwang zurück, das im Jahr 1109 zusammen mit
Fürnried als Kastler Klosterbesitz genannt und neun Jahre
später von Diepold II. seinem neugegründeten Hauskloster
Reichenbach übereignet wurde.
Landschaftlich ausnehmend schön gelegen, wurde Illschwang
nach seiner gelungenen Dorferneuerung mehrfach ausgezeichnet, unter anderem mit dem Preis „Europa nostra" und
dem Europäischen Dorferneuerungspreis 1992.

Die Kastler Klosterkirche gehört zu den kunstgeschichtlich wichtigsten Bauten des Amberg-Sulzbacher Landes. In der querschifflosen Basilika mit ihrer Vorhalle, dem Stützenwechsel und dem ältesten Tonnengewölbe Süddeutschlands verbinden sich Romanik und Gotik zu einem ganz eigenständigen Raumbild.

Besonders schön ist das Knospenkapitell der Säule in der Mitte des Mönchschors (rechts). Beachtung verdienen neben dem Stifterdenkmal (links unten: Friedrich von Kastl-Habsberg mit dem Kirchenmodell) und dem Wappenfries aller Gönner des Klosters an den Hochschiffwänden auch die Konsolfiguren (links oben) und Schlußsteine der Gewölbe. Nicht übersehen sollte man die Reste des einstigen Chorgestühls aus dem späten 13. Jahrhundert (unten rechts), das zu den ältesten Deutschlands zählt, und die zahlreichen Grabdenkmäler in der Vorhalle, darunter die Ehrentumba für Seyfried Schweppermann und den Mumienschrank mit der 1319 verstorbenen kleinen Tochter Kaiser Ludwigs d. Bayern.

Das Lauterachtal ist eines der liebens-
würdigsten, ursprünglichsten unter den
Tälern der ganzen Oberpfälzer Alb. Dabei
ältester Siedlungsgrund. Entlang des
wichtigen durch das Tal verlaufenden
karolingischen Handelswegs, der das ober-
österreichische Lorch mit dem Tal der
unteren Elbe verband, entstanden ungewöhnlich früh Burgen und Siedlungen:
zu allererst Lauterhofen, das in der nach
Osten ausgreifenden fränkischen Inter-
essenpolitik des 8./9. Jahrhunderts und in
der von Eichstätt ausgehenden frühen
Christianisierung eine wichtige Rolle
spielte, bald aber auch Hohenburg und
Kastl, Pfaffenhofen, Allersburg und
Schmidmühlen.

Das Tal bleibt lang eng, läßt zwischen den
bewaldeten Hängen nur Raum für einen
schmalen Wiesenstreifen zu beiden Seiten
des von Erlen und Weiden gesäumten
Wassers (links: zwischen Kastl und
Lauterach). Steil ragen da und dort helle
Dolomitmauern und -türme empor, die
den Kletterern nicht weniger abfordern
als manche Felswand im Kletterparadies
bei Hirschbach.

Um Hohenburg, Schmidmühlen und Ensdorf: der Südosten

Noch heute ist der Hirschwald, der nach Süden in den Taubenbacher Forst übergeht, eines der größten geschlossenen Waldgebiete der westlichen Oberpfalz. Den Kurfürsten war das ganze Gebiet im Süden Ambergs zwischen den Tälern von Lauterach und Vils nichts anderes als ein bequem in der Nähe ihrer Residenz gelegenes Jagdrevier. Sie ließen gerodetes Land wieder aufforsten und Friedrich II. siedelte noch als Pfalzgraf sogar die Bewohner Gumpendorfs aus, um Platz für sein Jagdschlößchen Hirschwald zu bekommen. Allein für die winterlichen Wolfsjagden – die Kurfürsten fanden, die Wölfe würden den Bestand an Hirschen, Rehwild und Sauen zu stark dezimieren – an denen bis zu 450 Mann aus der ganzen Umgebung teilzunehmen hatten, veranschlagte die Amberger Regierung in den Jahren nach dem Dreißigjährigen Krieg jährlich 9000 Gulden. Und dies zu einer Zeit, als man für acht Gulden eine Kuh bekommen konnte.

Im Osten bildet die Vils für den Wald eine scharfe Grenze. Jenseits des Flusses erstrecken sich die Felder flach hingebreitet bis zum Anstieg des Naabgebirges, unterbrochen höchstens von kleinen Kieferngehölzen. Nur wenige Ortschaften liegen dort, doch zwei besonders ansprechende Schlößchen: Ebermannsdorf und Moos. Anders im Westen. Dort geht der Hirschwald ganz allmählich in ein flachwelliges, von mehr oder weniger großen Waldungen unterbrochenes Bauernland über, in dem Tauben- und Hausenbach die einzigen nennenswerten Wasserläufe sind. Burgen erinnern an die mittelalterliche Besiedelung des Gebiets: nördlich von Hausen die Reste der Burg Zant; im Taubenbachtal die Ruine Rostein (Roßstein), von der schon im Jahr 1600 als von einem „Alt zerbrochen Burckstall" die Rede ist; im Hausenbachtal aber die Burg Heimhof, die den einzigen verhältnismäßig gut erhaltenen Palas des 14. Jahrhunderts besitzt und zu den bedeutendsten Burgschlössern der Oberpfalz zählt.

Wo der Hausenbach in die Lauterach mündet liegt Allersburg, die alte, schon im 9. Jahrhundert auftauchende Pfarre Hohenburgs und des ganzen mittleren Lauterachtals. Der Ort Hohenburg entwickelte sich im Schutz der Burg, von der heute nur mehr ein paar Mauerstümpfe in den Himmel ragen. Sie entstand wohl schon vor der Jahrtausendwende und war, ehe sie 1248 in den Besitz des Hochstifts Regensburg überging, länger als 200 Jahre Sitz der Grafen von Hohenburg. Mit den Diepoldingern verwandt, kamen sie im 13. Jahrhundert vor allem im Süden Italiens zu Macht und Ansehen. Berthold von Hohenburg war Junker am Hof Kaiser Friedrichs II., gehörte später zu den Vertrauten und engsten Mitarbeitern des Kaisers und wurde von Friedrichs Nachfolger Konrad IV. sogar mit der Statthalterschaft des Königreichs Sizilien betraut. Doch dann geriet Berthold zusammen mit seinen Brüdern in den Strudel des staufischen Untergangs: Manfred, Friedrichs II. illegitimer Sohn, ließ die Hohenburger auf dem Hoftag von Baroli 1256 zum Tod verurteilen. Zu lebenslanger Haft begnadigt, starben sie wenige Monate später im Kerker. Wahrscheinlich ist Berthold von Hohenburg, eine der farbigsten Gestalten seiner Zeit, auch jener Minnesänger, jener „Markgrave von Hohenburg", dessen von herber Schönheit geprägte Verse uns die Manessische Liederhandschrift überliefert.

Unterhalb der Wallfahrtskirche von Stettkirchen, wo man sich erfolgreich bemüht, einen der für die Albtäler so charakteristischen Wacholderhänge zu erhalten, wird das Tal der Lauterach allmählich breiter. Heckenzeilen ziehen über die flacher werdenden Hänge, im Frühjahr überschäumend weiß mit all ihren blühenden Schlehen. Vor Schmidmühlen bleibt sogar Raum für einzelne Äcker zwischen den Wiesen des Talgrunds. Um die Jahrtausendwende besaßen die Grafen von Hohenburg dort an der Mündung der Lauterach in die Vils eine Uferlände und einen Warenumschlagplatz. Als beides im Jahr 1010 in den Besitz des Regensburger Klosters St. Emmeram überging, ist sogar schon von einer „smidimulin", einer mit Wasserkraft betriebenen Hammerschmiede die Rede.

Wer heute der Vils folgt, diesem schmalen, stillen Fluß, dessen Ufer Weiden und Erlen begleiten, und an dem zwischen Wolfsbach und Leidersdorf nun wieder Biber heimisch sind, wird sich nur schwer vorstellen können, wie eminent wichtig die Vils auf wirtschaftlichem Gebiet einmal war. Vor allem im 15./16. Jahrhundert arbeiteten den ganzen Flußlauf entlang Eisenhämmer und Mühlen, und bis ins 18. Jahrhundert waren vom Frühjahr bis weit in den Herbst wöchentlich bis zu acht Schiffe unterwegs, die zwischen Amberg und Regensburg Erz, Eisen und andere Waren beförderten. In Theuern, dessen Hammer zeitweilig den unter Kaiser Maximilian I. geadelten Portnern gehörte, einem der bedeutendsten Hammerherrn-Geschlechter der ganzen Oberpfalz, ließ sich Josef Christian Freiherr Lochner von Hüttenbach im Jahr 1781 das schönste Hammerschloß Nordbayerns errichten.

Das Hammerschloß Theuern, der bedeutendste profane Barockbau des Amberg-Sulzbacher Landes, beherbergt heute das Bergbau- und Industriemuseum Ostbayern.

Wie das Lauterachtal und das untere Vilstal (links: Vogelscheu-
che bei Vilshofen) ist das schmale Tal des Hausenbachs (oben)
mit seinen bewaldeten Westhängen und den trockenen,
wacholderbestandenen Südosthängen ein echtes Juratal.

Heimhof, das auf einem Felssporn über dem Tal des Hausenbachs liegt, hat nie eine geschichtlich bedeutsame Rolle gespielt.
Doch gehört das malerische Konglomerat verschiedenster Bau-
zeiten, das im 19. Jahrhundert in bäuerlichen Besitz überging
und nach 1922 vom Altmeister der deutschen Burgenkunde
Bodo Ebhardt vor dem völligen Verfall bewahrt wurde, zu den
bedeutendsten Burgschlössern der Oberpfalz. Baugeschichtlich
wichtig ist vor allem der aus dem 14. Jahrhundert stammende
und verhältnismäßig gut erhaltene strenge Kubus des Palas:
Über dem Kellertrakt und dem nur durch Schlitzfenster
beleuchteten Erdgeschoß liegen zwei Wohngeschosse mit von
Holzsäulen getragenen Balkendecken und einem großen Saal im
1. Stock, mit Küche, Kaminen, Aborten und Sitzbänken in den
Fensternischen. Das dritte Obergeschoß diente mit Schießscharten und Schießkammern für Hakenbüchsen als niedriges
Wehrgeschoß.

In Wolfsbach begeht man 1996 den fünften Leonhardiritt. Ehe sich Reiter (rechte Seite), Kutschen und Festwagen (links: mit dem hl. Leonhard als Patron der Pferde) auf den Weg nach Leidersdorf machen, segnet der Ensdorfer Pfarrer — Wolfsbach gehört seit 1387 zur dortigen Pfarrei — auch in Wolfsbach die Pferde, die vor der im 18. Jahrhundert erbauten Leonhardi- kapelle geweihtes Brot und Hafer erhalten.

Innerhalb weniger Jahre haben sich die Pferderitte von Kemnath am Buchberg, von Hausen und Wolfsbach einen herausragen- den Platz im Festkalender des Amberg-Sulzbacher Landes erobert.

In Hausen bestand bis etwa 1810 eine Wallfahrt zum hl. Georg. Seit 1981 treffen sich dort alljährlich Ende April Reiter und Pferdefreunde aus der halben Oberpfalz zum Georgiritt, der von Hausen nach Heimhof führt, und zur Segnung der Pferde vor der dem hl. Georg geweihten Kirche (rechts).

Hohenburg ist von alters her das Zentrum des mittleren Lauterachtals. Schon 1383 wird es als Markt bezeichnet. Wahrscheinlich war die im Schutz der Burg entstehende Ortschaft von
Anfang an nicht nur Ackerbürgersiedlung, sondern dank der
Lage an der schon in karolingischer Zeit wichtigen Handelsstraße durch das Lauterachtal auch ein Ort der Händler und
Handwerker. Sieben Jahrmärkte fanden zeitweilig statt und die
Hohenburger Zünfte — an ihre Blütezeit erinnern die schönen
geschnitzten Zunftstangen in der Kirche — hatten nach 1600
so weitreichende Bedeutung, daß zum Beispiel selbst Amberger
und Schwarzenfelder Nagelschmiede der Hohenburger Zunft
angeschlossen waren. 1719/20 konnten sich die Hohenburger
sogar den Umbau ihres erst 1662 entstandenen Rathauses
leisten. Drei Stockwerke hoch, mit Volutengiebel und farbigen,
vergoldeten Wasserspeiern (oben), wurde es zum alles
beherrschenden Blickfang in der langen Reihe der Häuser, die
steilgiebelig und zartfarbig den weiträumigen, in sanftem
Schwung geführten und in seiner Geschlossenheit so groß-
artigen Straßenmarkt begleiten, einen der schönsten in der
ganzen Oberpfalz.

114

Bei Stettkirchen (links und unten) drängt der Wald von Süden fast bis ans Ufer der Lauterach. Den steilen Hang über der Wallfahrtskirche, die einem Gelübde Kaiser Ottos II. ihr Entstehen verdanken soll, aber prägen die schlanken Pyramiden des Wacholders. Seit die einstige extensive Nutzung als Viehweide wirtschaftlich uninteressant geworden ist, bedarf es bewußter Pflege, um die artenreiche Flora und Fauna zu erhalten, die für die sonnigen, trockenen Südhänge der Albtäler so charakteristisch ist und zu deren auffallendsten Pflanzen die Küchenschelle (rechts) und das Sonnenröschen gehören, die Finger- und Habichtskräuter, Hufeisen- und Schneckenklee, Mauerpfeffer, Kartäusernelke, Bergrosmarin und Thymian.

Die Allersburger Kirche, die so beherrschend über dem Tal der
Lauterach thront, ist ein mehrfach veränderter Bau der Gotik.
Damals entstand wohl auch die Friedhofsbefestigung. Noch an
die Zeit der Romanik erinnern die Knotensäule in der Kirche
und der in die Befestigung eingebundene Rundbau des
einstigen Karners mit seiner geosteten Erkerapsis.
Früher gab es zwischen Ransbach und Schmidmühlen zahlreiche hölzerne Wasserschöpfräder zur Bewässerung der
Talwiesen, die man auf diese Weise im Jahr drei- bis viermal
mähen konnte. Das Knarren und Ächzen dieser bis zu fünf
Meter großen Räder und der Ton des fallenden Wassers gehörte
noch in unserem Jahrhundert zum Sommer im Lauterachtal:
wurde das letzte, bei Allersburg stehende Rad doch erst 1941
dem endgültigen Verfall überlassen.

Wie die für das Jahr 1010 bezeugte Schmidmühlener Lände beweist, war die Schiffahrt auf der Vils (oben: bei Schmidmühlen) früh von Bedeutung. In seiner „Chronica" meint der Amberger Bürgermeister Michael Schwaiger 1564, die Vils sei zwar nur ein kleines Wasser, doch habe man sie durch „künstliche Wasserfälle" für die Schiffahrt nutzbar gemacht. Müller und Hammerwerksbesitzer hatten dafür zu sorgen, daß die „Fälle" (Schleusen) genug Wasser brachten. Von April bis zum Einbruch des Winters waren damals zwischen Amberg und Regensburg wöchentlich vier bis acht jener 3,3 Meter breiten und bis zu 24 Meter langen Schiffe unterwegs, die flußabwärts mit rund 250 Zentnern beladen werden konnten und manchmal bis Ulm, Wien und Budapest fuhren. Sie belieferten die zahlreichen Hämmer an den Flußufern mit Erz und brachten deren Erzeugnisse zur Regensburger Eisenlände, beförderten aber auch landwirtschaftliche Erzeugnisse und manchmal sogar Personen.

Flußaufwärts hatte man höchstens 150 Zentner geladen, meist Salz — Amberg hatte ab 1577 das Salzhandels-Monopol —, und fuhr in einem von 12 bis 16 Pferden getreidelten Schiffszug mit vier Schiffen.

Wenn die Schmidmühlener am ersten Augustwochenende ihr
Marktfest feiern, erinnert der Heimat-und Volkstrachtenverein
„Lauterachtaler" zur Begeisterung aller an eine Vergangenheit ,
in der das Leben selbst an diesem seit karolingischer Zeit
wichtigen Handelsplatz in erster Linie von der Landwirtschaft
geprägt wurde und selbst die Handwerker Ackerbau und
Viehzucht trieben. Zur Werktagstracht der Männer gehörte
damals der „Virfleck", die Schürze, die oft an einer Seite hoch-
gesteckt wurde. Bei Festen trug man Stiefel und Lederhose, ein
weißes Hemd, die dunkle, geblümte Weste mit den Silber-
knöpfen, einen Janker und einen runden schwarzen Hut.
Ausgesprochen farbenfroh war die Tracht der Frauen mit den

engen Miedern und den weiten bunten Röcken und Seiden-
schürzen, liegt Schmidmühlen doch im katholischen Teil des
Amberg-Sulzbacher Landes, wo man das Leben heiterer nahm
als im evangelisch geprägten Gebiet um Sulzbach.

Der Entwicklung Schmidmühlens, wichtig schon um das Jahr 1000, kam die Lage an der Mündung der Lauterach in die Vils zugute und die Bedeutung des karolingischen Handelswegs, der hier die Vils querte. Zu seinem Schutz entstand zwischen den beiden Armen der Lauterach eine Wasserburg. Sie wurde im 16. Jahrhundert im Stil der Renaissance umgebaut, bewahrt zum Teil noch die Holzdecken und Fresken dieser Zeit — allegorische Darstellungen der vier Jahreszeiten und Allegorien der göttlichen Tugenden — und dient als sogenanntes Oberes Schloß heute als Rathaus.

Eng zusammen stehen die drei zum Wahrzeichen des unteren Vilstals gewordenen Vilshofener Kirchen (oben) auf dem Pfarrberg über dem Ort: die frühgotische, ursprünglich als Karner dienende und im 18. Jahrhundert erweiterte Allerseelen-Bruderschaftskapelle, die 1781 unter Verwendung romanischen Mauerwerks errichtete Pfarrkirche und die Wieskirche von 1751.

Wie im nahen Rieden, wo hart am Steilufer der Vils noch die Reste einer hochmittelalterlichen Burg zu finden sind – wie überigens überall am rechten Ufer der Vils südlich von Amberg – beginnt gleich hinter diesen drei Kirchen der Wald (rechte Seite). Schier endlos scheinen sich Taubenbacher Forst und Hirschwald, in denen auch heute nur um das einstige Landsassengut Kreuth, um Bernstein und Hirschwald kleine Rodungsinseln liegen, nach Westen zu erstrecken. Die „Hirschmarter" (rechts) erinnert daran, daß in den höchst selten mit Laubbäumen durchsetzten Fichtenbeständen früher auch Köhler ihre Meiler hatten.

124

Kloster Ensdorf, 1121 gegründet, ist die zweite große, um die
Wende des 17./18. Jahrhunderts erbaute barocke Klosteranlage
des Amberg-Sulzbacher Landes. Die von Johann Dientzenhofer
als Wandpfeileranlage entworfene Kirche wird geprägt vom
zarten Stuck der Brüder Ehamb, der auch den feinen Orgel-
prospekt (links) umgibt, und von den 1716 vollendeten Fresken
Cosmas Damian Asams, die um das Leben des Kirchenpatrons
Jakobus kreisen (oben: Schlacht von Clavigo).
Ein außergewöhnlicher Raum des frühen Rokoko ist die
Sakristei mit den qualitätvollen Schnitzereien ihrer Schränke
(rechts: Hermenpilaster vom Paramentenschrank, 1743).

Vom Stammsitz der Ebermansdorfer, die in Urkunden des Hochstifts Bamberg mehrfach als Zeugen auftauchen, blieb nicht viel mehr zurück als der im frühen 12. Jahrhundert errichtete achteckige Bergfried. Wahrscheinlich wurde die kleine Burg schon im 15. Jahrhundert zugunsten eines tiefer am Hang gelegenen Neubaus aufgegeben. Das jetzige Schloß (links der Eingang zum Hof), ein langgestreckter Bau des frühen 18. Jahrhunderts, bildet mit den beiden Innenhöfen und der etwa gleichzeitig erneuerten Kirche eine höchst eindrucksvolle Anlage.

Im Kern ist das einstige Wasserschlößchen Moos (rechts), dessen Wassergräben längst verfüllt sind, noch spätgotisch. Der heutige, von einem Mauerring mit vier ausspringenden Türmen umgebene Walmdachbau entstand im wesentlichen erst um 1738. Gut hundert Jahre früher wurde hier oberpfälzisch-bayerische Geschichte gemacht: Maximilian I. von Bayern nahm am 8. Oktober 1621 die Kapitulation Ambergs in der Auseinandersetzung zwischen der katholischen Liga und der protestantischen Union entgegen. Sieben Jahre später war der weitaus größte Teil der Oberpfalz nicht mehr pfälzisch, sondern bayerisch.

Ortsregister

(Die fett gedruckten Zahlen verweisen auf Abbildungen)